科 学 · 权 威

国家出版基金项目

英法核力量

主　编　潘启龙
副主编　杨春才

中国原子能出版社

图书在版编目（CIP）数据

英法核力量/潘启龙主编．—北京：
中国原子能出版社，2021.3（2023.4 重印）
ISBN 978-7-5022-9655-1

Ⅰ．①英…　Ⅱ．①潘…　Ⅲ．①核武器—军事力量—概况—英国　②核武器—军事力量—概况—法国　Ⅳ．①E928

中国版本图书馆 CIP 数据核字（2018）第 296990 号

英法核力量

出版发行　中国原子能出版社（北京市海淀区阜成路 43 号　100048）
社　　长　李　涛
丛书策划　王　朋　王　青
责任编辑　王　青　宋翔宇　田镇瑜
装帧设计　崔　彤　马世玉
责任校对　冯莲凤
责任印制　赵　明
印　　刷　保定市中画美凯印刷有限公司
经　　销　全国新华书店
开　　本　787 mm×1092 mm　1/16
印　　张　10.75
字　　数　143 千字
版　　次　2021 年 3 月第 1 版　2023 年 4 月第 2 次印刷
书　　号　ISBN 978-7-5022-9655-1　　**定　价　88.00 元**

《国外核力量丛书》

编委会

《国外核力量丛书》
审委会

前　言

近年来，国际核态势发生了复杂、深刻的变化。美国宣示核政策与核战略调整，进一步强调核力量在美国国家安全战略中的地位与作用，推出针对不同威胁的“定制威慑”核战略，扩大核武器使用范围，强调发展新的核能力；继续保持“三位一体”核力量结构，不断推进核武器现代化；退出《中导条约》，降低核门槛，企图增加在欧洲、亚太地区的“前沿抵近”部署；发布新版《核作战条令》，频频组织核演习。俄罗斯公开核威慑政策，界定核威慑范围，确定核武器使用的触发条件；聚力维持核威慑能力，优先保障核力量现代化所需资源，发展新型战略进攻手段；针对性调整核导弹部署，加紧核作战演训。英法基本保持核战略和核政策稳定，维持核力量的安全有效，推进核力量现代化。印度、巴基斯坦、以色列、朝鲜事实拥有核武器；韩国、日本国内多次发出要发展核武器的声音。当前，美国持续推进全球一体化反导系统建设，不断加快空间军事化进程，国际战略安全格局出现危机；部分无核武器国家推动联合国大会通过了《禁止核武器条约》，核武器国家与无核武器国家分歧加大。

国际核态势发展变化与国际安全战略稳定息息相关，受到世界各方的高度关注，并引发安全担忧。我们组织编撰《国外核力量丛书》（以下简称《丛书》），主要是为专家学者和感兴趣的读者研究和思考相关问题提供参考素材和专家观点。《丛书》系统梳理了美国、俄罗斯、英国、法国 4 个核武器国家在核战略演变、核武器研究与管理体制、军用核材料储量及生产能力、核试验、核武器研究与发展、核武库规模及核力量建设等方面的情况；全面介绍了印度、巴基斯坦、以色列、朝鲜4个事实拥有核武器国家在军用核材料生产能力、核武器研发能力、核武库规模及核力量建设、核武器研发机构与管理体制、核战略等方面的情况；对日本、伊朗、韩国的核材料生产能力、核工业机构及管理体系、核武器发展潜力进行了研判；此外，对曾经研究或生产过核武器的国家（如：南非、利比亚、伊拉克）核计划的来龙去脉进行了回顾。

《丛书》现出版四册，即：《美国核力量》《俄罗斯核力量》《英法核力量》《周边国家核能力》。在《丛书》编撰过程中，编委会邀请了20多位专家学者潜心研究、交流研讨、凝练推敲；聘请资深专家组成审委会，对全套书进行了多次审稿，力求资料系统完整，表达专业、准确。《丛书》列出的参考文献皆来自公开渠道。参考文献及主要数据截止时间为2018年年底，部分延至2019年上半年。书中所有的分析判断只代表作者个人观点，鉴于各国核武器研发资料的保密性，以及作者占有资料和认知的局限性，在观点把握上难免出现偏颇，竭诚欢迎各位专家、学者及读者批评指正。

在此，对参与《丛书》撰稿、审稿的专家学者辛勤的付出表示诚挚的感谢，对中国原子能出版社在本书出版过程中的大力支持表示诚挚的感谢。

丛书编委会

2020年12月

目　录

上卷　英国核力量

下卷 法国核力量

上卷　英国核力量

第一章　核战略的演变

英国作为美国最紧密的盟友，在核力量与核战略方面与美国、北约有着难以分割的关系。从北约整体战略看，英国的核力量是北约安全防务体系的一部分，其核战略规划离不开北约或美国的核战略规划。尽管如此，英国在很多场合下也强调其核力量的独立性，声称在因自身安全问题而需要使用核武器问题上，英国有独立决定权。在核战略思想方面，英国有其特色，在很多方面与美国确实有很大的不同。英国官方长期宣称坚持最低核威慑政策，但从其核力量发展轨迹及对外宣示的核政策上看，在核武器发展与运用战略上，英国核战略经历了一个不断演变的过程。

英国于 1952 年 10 月 3 日进行了第一次原子弹试验，自此之后，开始发展自身核力量。在冷战期间，英国发展了多种战略和非战略核武器。由于美英之间的“特殊关系”，1958 年，美英两国签署了《为了共同防卫的目的使用原子能的合作协议》（简称《共同防御协议》），据此，两国在核武器研制方面开始了广泛的合作（2014 年，英美决定将该协议延续到 2024 年）。1963 年，美英之间就英国购买美国“北极星”潜射弹道导弹达成协议。1982 年，英国政府决定购买美国的“三叉戟”-Ⅱ潜射弹道导弹，以代替“北极星”。20 世纪 90 年代中期，载有“三叉戟”-Ⅱ导弹的核潜艇服役，核弹头和核潜艇是英国自己研制的，“三叉戟”-Ⅱ导弹及其配套系统则购自美国[1]。

1957 年英国国防白皮书中第一次明确其核威慑思想：在所有的军

☆本章由孙向丽撰稿，胡思得审阅。

事计划中压倒一切的考虑是防止战争而不是准备战争。1980 年官方文件《联合王国战略核威慑力量未来》则强调：即使没有美国帮助，也会让苏联确信，英国有足够的能力给予苏联不可承受的打击，从而阻止其侵犯企图。但是，英国拒绝公开具体的核打击政策和计划，不明确说明“最低水平”的规模，因为保持一定的模糊度对威慑是有利的[2]。

冷战结束以后，随着国际格局的缓和，英国在阐述其核战略性质和规模方面变得更加明确了。1998 年国防白皮书明确宣布：英国执行最低核威慑政策，从 1998 年之后，核力量将仅保留海基核武器，即由 4 艘载有“三叉戟”导弹系统的核潜艇构成，作战部署的核弹头数将不多于 200 枚；“三叉戟”核潜艇同时担负战略威慑和“次战略”（sub-strategic）任务 。2006 年的国防白皮书声称：自冷战结束以来，英国核威慑政策的基本原则没有改变，而且在未来也不太可能改变；英国的核威慑支持北约的集体防御，英国的核力量为北约的核威慑作出了实质贡献；英国在核武器使用问题上拥有独立的决定权，即使服务于北约的核力量，在使用前也由英国决定；英国将继续维持最低水平的核威慑，将作战部署的核弹头数削减至 160 枚以下；在使用核武器问题上，不排除首先使用核武器，并且对在何时、以何种方式以及在多大规模上使用核武器的问题保持模糊；采取必要步骤，将可信核威慑能力支撑到 21 世纪 20 年代乃至以后；为此，将建造新一代核潜艇，取代将于 21 世纪 20 年代开始退役的“前卫”级核潜艇；并参与美国对“三叉戟”-Ⅱ导弹的延寿计划，使美国提供的这批导弹寿命能够维持到 21 世纪 40 年代早期[3]。

2010 年 10 月 19 日，英国政府发布了《战略防务和安全审议》报告。报告强调：英国需要维持可靠的最低核威慑，作为应对极端威胁的最后手段；英国的核威慑是北约集体安全框架的重要组成部分；英国历来的政策是仅在自卫的极端情况下考虑使用核武器，其中包括保护北约盟友。但是，英国对在何时、以何种方式以及在多大规模上使用核武器保持模糊[4]。

从英国官方的核政策宣示及其核力量发展历程看，英国的核战略有以下几个特点。

信奉最低核威慑理论，不追求核战争制胜能力。英国官方在核武器发展早期便明确了将核武器主要用于威慑的思想。这一点，从很多英国战略学家的文章中也能看出。一些有影响的英国战略学家认同政府宣称的战略原则，他们相信，只要拥有可信的二次打击能力，就可威慑核力量比自己强大数倍的对手，根本不需要去竞赛战争对抗和制胜能力；认为英国核武器只是用于政治、战略目标，其规模大小只维持在用于这个目的的最低水平，不与他国核武器数量相竞争[5]。

发展一定的有限使用能力，但将其作用定位在警告性打击。在核武器发展早期，英国研制了一些非战略核武器。关于英国的非战略核武器在北约防务中的作用问题，美英两国有不同的解释。英国认为它只是起到警告性作用的“次战略”核武器，只是加强战略核力量的战略威慑效果，并不是用于进行战场作战的非战略核武器；而美国则认为它属于有限打击武器，是北约灵活反应战略的有机组成[6]。20 世纪 90 年代初，美国开始执行撤走在欧洲的大部分非战略核武器的计划。英国因此在核力量方面也作出调整，开始撤出非战略核武器和陆、空基核武器部署。1998 年以后，英国实战部署的核力量仅保留了载“三叉戟”导弹的核潜艇。自此之后，英国的“次战略”核武器的任务，也由“三叉戟”核武器担任。为了减少对英国“次战略”核武器的误解，目前英国政府有意避免再使用“次战略”核武器这种词。英国领导人公开声称，不论什么情况下的核武器使用都是战略性的[7]。

坚持首先使用核武器的政策，但在何种情况下使用核武器保持刻意的模糊。从英国政府历年来的国防白皮书上可以看出，英国政府在核武器使用问题上保持很大的模糊性，包括在何时、以何种方式以及在多大规模上使用核武器。英国认为，在这些问题上保持刻意模糊，有助于核威慑可信性。尽管随着冷战的结束，欧洲安全形势的好转，以及国际核军备控制形势的需要，英国在对外宣示政策中不断修饰核武器使用词汇，逐渐减小对核武器的依赖，支持北约将核武器作为最后的手段，但始终不放弃首先使用核武器的选择，且在核武器使用问题上继续维持模糊性。即使在为签署了《不扩散核武器条约》的无核国家提供的不对它们使用核武器的“消极安全保证”中，也附加了保留条款。另外，尽管英国强调对其核力量拥有独立决定权，但是由于英国参加了北约的一体化军事机构及核计划小组，同时英国也认可北约的灵活反应战略，其核力量在特殊情况下也要参与到北约共同的核任务中，因此，在核力量的规划运用方面，英国与北约的关系难以割舍。英国在这方面问题的阐述上，一般都是简单的描述，保持一种微妙的模糊性。

英国的核战略既有区别于北约和美国核战略的鲜明特点，同时，由于与美国在核力量建设方面保持特殊的合作关系，在核战略规划与核武器使用方面与北约保持紧密联系，因此，其核战略许多方面与北约、美国又有相当的关联性。如果抛开英国与北约复杂的防务关系成分，分析英国自称的独立核力量的主要战略方针，可以认为，英国的核战略基本属于最低核威慑类型。在可预见的未来，英国将会在独立拥有核威慑和参与北约核威慑之间继续维持一种平衡关系。

参考文献

[1] 孙向丽．核时代的战略选择——中国核战略问题研究[R]．中国工程物理研究院战略研究中心,2013:116-118.

[2] Michael Quinlan. The British Expeniece [M]. in Henny D Sokolski, ed. Getting mad: Nuclear Mutual Assured Destruction, its Origins and Practice, 2004: 272.

[3] U. K. Ministry of Defence. The Future of the United Kingdom's Nuclear Deterrent [R]. Norwich: the Stationery Office,2006.

[4] U. K. Cabinet office. Securing Britain in an Age of Uncertainty : The Strategic Defence and Security Review[R],2010:33-44.

[5] Michael Quinlan. British Nuclear Weapons Policy:past,present and future[M]. in John C Hopkins,Weixing Hu,eds. Strategic Views from the second tier:the nuclear weapons policies of France,Britain,and China. New Brunswick:Transaction Publishers,1995:129.

[6] Simpson J. The United Kingdom and the nuclear future. The strength of continuity and the chance for change[J]. The Nonproliferation Review,2007,14(2):236.

[7] Simpson J. The United Kingdom and the nuclear future. The strength of continuity and the chance for change[J]. The Nonproliferation Review,2007,14(2):237.

第二章　核武器研究机构及管理体制

英国核武器的设计、生产、组装和维护，以及退役和拆解，主要由原子武器研究院（AWE）负责。英国国防部负责管理原子武器研究院，国防大臣为原子武器研究院最高官员。原子武器研究院是“政府所有，承包商运营”的实体，其管理的所有厂（场）及其资产均为英国政府所有。隶属于英国健康与安全执行局的核监管办公室，负责监督并定期检查原子武器研究院安全工作。

2.1　核武器研制与管理机构

2.1.1　早期核武器研制与管理机构

1940 年 4 月，英国政府接到铀-235 存在快速裂变可能性报告后，迅速决定在空军的飞机生产部里成立一个专门委员会负责核研究，代号为“贸德”（MAUD），主要任务是研究原子弹。9 月，在“贸德”委员会的基础上成立了英国核研究决策委员会。此外，还成立了一个支撑该委员会的技术委员会。技术委员会当时聚集了英国几乎所有的核物理科学家。在“贸德”委员会的协调下，英国核研究进展迅速，一度在核裂变研究的许多方面，特别是在原子弹的可行性研究上领先于美国[1]。

1941 年 7 月，“贸德”委员会向政府提交题为《铀作为一种爆炸

☆本章由康春梅撰稿，康力新审阅。

物的用途》和《铀作为一种动力的用途》的两份报告。在报告的推动下，英国政府决定大力支持核计划，并委派战争内阁部长安德逊主管核计划。安德逊将核研究组织从空军中独立出来，置于科学研究与工业部之下，将“贸德”委员会改组为“管合金董事会”（Directorate of Tube Alloys）。之后，由于英国处于战争状态，资金紧张，其核计划转入争论与停滞状态。然而，美国的核计划却急剧膨胀起来。“管合金董事会”于1942年7月向英国内阁提出，英国应加速与美国核合作。1943年8月，美英两国签署有关核研究合作的《魁北克协定》，同年11月，英国解散了“管合金董事会”，派研究裂变物理的高级科学家加入了美国的“曼哈顿工程”计划。

1946年，美国为了垄断原子弹技术，国会通过《原子能法》，中断了与英国的合作。之后，英国政府决定独自开始研制核武器。英国政府于1947年正式授权继续核武器研制，指定由军需部负责监管核武器研制计划，任命曾参加过美国“曼哈顿工程”计划的威廉·佩尼（William Penney）为装备研究总负责人。为了掩人耳目，英国将核武器的研制计划称为“高能炸药研究计划”，在英格兰肯特郡的堪萨斯堡（Fort Halstead）成立了高能炸药研究部[2]。1947年，英国在英格兰福尼斯（Foulness）岛设定了一个区域，用于开展爆炸性试验[3]。

《魁北克协定》(Quebec Agreement)

《魁北克协定》规定美国和英国在原子弹领域进行全面合作，原子弹研制成功后，其使用必须征得两国政府的同意；英国只能获得关于原子弹的科学知识，必须得到美国的同意才能获取制造原子弹的技术；两国不互相使用原子弹；任何一方都不能向第三方泄露有关“管合金”的情报，除非双方同意。

1950年4月1日，英国政府将英格兰伯克郡（Berkshire）里丁（Reading）附近的奥尔德马斯顿（Aldermaston）皇家空军的战时飞机厂选定为英国核武器的研制场地。1952年，负责研制核武器的首批科学家入驻奥尔德马斯顿。同年，该场被命名为原子武器研究院

(Atomic Weapons Research Establishment, AWRE)。1955 年，高能炸药研究部场地的最后一批人员撤离。1961 年，国防部位于布莱克尼斯特（Blacknest）的负责地震研究的机构合并至原子武器研究院。1987 年 9 月，原子武器研究院与位于巴勒菲尔德（Burghfield）和卡迪夫（Cardiff）的生产核武器部件的皇家兵工厂（ROF）合并，成为现在的原子武器研究院。

2.1.2 当前核武器研制与管理机构

1. 核武器研制机构

冷战结束后，英国的核武器研制机构开始萎缩。1997 年 2 月，原子武器研究院的卡迪夫场地停止了武器部件的生产工作并退役。1997 年用于开展爆炸性试验的福尼斯场地也从原子武器研究院退出[4]，仅保留了奥尔德马斯顿和巴勒菲尔德两个场地。目前，英国原子武器研究院有约 4 500 名雇员，其中科学家约为 900 名，工程师约为 1 600 名，1 600 名为商业和其他人员。另外，还有 2 000 多名合同商雇员。

奥尔德马斯顿场地占地约 2.7 km^2，原子武器研究院总部设于此，其主要工作包括：生产钚、高浓铀和铍组件以及弹头设计研究。场地内的 A90 大楼制造钚弹芯，与美国洛斯・阿拉莫斯国家实验室的 PF-4 设施一模一样，在制造技术和升级改造工作方面双方联系也很密切。A45 大楼生产高浓铀部件，还有一座新的浓缩铀设施正在建设之中。新的综合工厂“神马座”项目（Project Pegasus）将制造、加工和存放弹头用高浓铀部件，这是英国生产新弹头能力的关键设施，其目标之一是“承担制造替换弹头用高浓铀部件所需的化工和冶金活动”。为了建设与美国相当的铀处理设施工厂，原子武器研究院与美国同行也建立了密切联系。美国工厂制造和组装弹头的聚变级和辐射层，英国的浓缩铀设施大概也会生产相同的部件，还会为核动力潜艇初步制作燃料棒。

巴勒菲尔德场地占地约 1.1 km^2，负责核弹头组装、拆卸。“三叉戟”核弹头目前在巴勒菲尔德的综合工厂组装和拆卸，那里有 4 个“砾石格蒂”（Gravel Gertie）组装台，一种专用于核武器检验、处理和拆除的地堡。一座具有相似生产能力的新设施于 2015 年完工，代号为“山寨座”项目（Project Mensa）。

图 2-1　奥尔德马斯顿场地

图 2-2　巴勒菲尔德场地

2. 核武器管理机构

英国原子武器研究院的管理部门经过了政府管理和军方管理的几次轮换。最初由民管部门“贸德”委员会（后改组为“管合金董事会”）管理；1947 年改成由军方军需部管理；1954 年又归民管部门“联合王国原子能管理局”（UKAEA）管理；1973 年再一次根据议员法案归国防部采办局管理。

20 世纪 80 年代末，英国的国有设施（包括许多兵工厂）都开始由私有公司运营，在这期间原子武器研究院发生了一系列安全事故，新设施的建造进度严重延迟。为此，英国政府于 1989 年宣布计划采用“国有民营”的方式来管理原子武器研究院，即原子武器研究院的场地和设施归英国国防部所有，而原子武器研究院的日常运行和管理则承包给私有公司。国防部采办局作为联络机构，负责协调国防部与原子武器研究院之间的事务。1993 年，亨廷 BRAE 公司获得了第一阶段的原子武器研究院管理合同。

2000 年，通过竞争，原子武器研究院管理有限公司（AWEML）赢得了原子武器研究院的管理与运行合同。原子武器研究院管理有限公司将执行合同的责任委托给原子武器研究院有限责任公司（AWE plc）。

原子武器研究院管理有限公司接管原子武器研究院以后，改变了管理与运行体制，因此，国防部在 2003 年将管理合同的期限从原来 10 年延长至 25 年[5-6]。2015 年，由于出现了设计与管理困难，原子武器研究院的两个大型研究设施的建造被迫暂停。2016 年 3 月，为加强国防部对原子武器研究院的管理，国防部与原子武器研究院管理有限公司签署了新版合同，国防部与原子武器研究院管理有限公司将共同承担更大的风险。

原子武器研究院管理有限公司最初由英国核燃料有限公司（BNFL）、英国希尔科（Secro）公司和美国洛克希德 · 马丁（Lockheed Martin）公司组成，3 个公司各占三分之一的股份。2008 年在国防部许可的情况下，英国核燃料有限公司将其在原子武器研究院的股份转让给了美国雅各布工程集团（Jacobs）[7]，之后，原子武器研究院管理有限公司三分之二的股份由美国公司持有。2016 年 3 月，国防部与原子武器研究院管理有限公司签署新合同后，原子武器研究院管理有限公司调整合资伙伴的股权比例，洛克希德·马丁公司持有 51%的股份，希尔科集团和雅各布集团各自持有的股份从 33.3%削减至 24.5%[8]，即，之后原子武器研究院管理有限公司中美国公司占股 75.5%。但是英国国防部持有英国原子武器研究院有限责任公司特殊的“黄金股”，可干涉原子武器研究院的管理，必要时有权将管理职责转交给其他合同商。

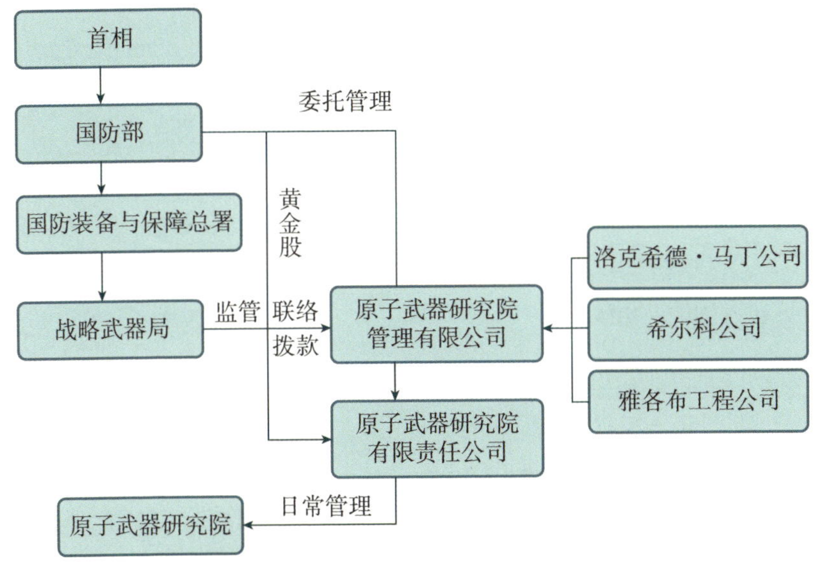

图 2-3　原子武器研究院组织管理框架

2007 年 4 月 1 日，国防部将国防采购局与国防后勤局合并成国防装备与保障总署（DE&S），该署下属的战略武器局（DSW）负责管理原子武器研究院的合同，牵头国防部管理与联络原子武器研究院管理有限公司，确保与英国战略需求相关的政府决策得到执行[7,9]。原子武器研究院的经费大部分由国防部负责拨放[10]，2000—2014 财年间国防部对原子武器研究院的拨款情况见表 2-1。此外，还有一小部分经费来自其他政府部门，主要用于执行威胁降低任务。

表 2-1　2000—2014 财年间原子武器研究院的年度经费

财年	金额/百万英镑
2000—2001	275
2001—2002	264
2002—2003	258
2003—2004	286
2004—2005	354
2005—2006	493
2006—2007	687
2007—2008	894
2008—2009	800
2009—2010	870
2010—2011	944
2011—2012	941
2012—2013	861
2013—2014	961
2014—2015	998

2.2　核武器指挥控制机构

英国核武器指挥控制部门有：(1) 核作战和目标定位中心，位于伦敦白厅国防部主楼；(2) 第 345 指挥官特遣部队，位于米德尔瑟克斯诺斯伍德的常设联合总部；(3) 科思罕计算机中心，位于维尔特郡的一个地下深堡中，运行英国的火力控制和目标定位软件。向潜艇发送发射指令的主要方式是借助分别部署在坎布里亚的斯克尔顿和安托恩的两个甚低频发射装置。布里斯托尔市的阿比伍德战略武器系统综合项目团队（SWS IPT）负责管理“三叉戟”计划和英国核力量现代化项目。

图 2-4　英国核武库与核潜艇分布

2.3 核武器承包商

参与英国“三叉戟”计划的承包商包括：英国航空航天系统公司、柏布考克海事集团、劳斯莱斯公司和希尔科集团公司。前3个公司是潜艇的三大承包商，英国航空航天系统公司管理弗内斯市巴罗的潜艇建造厂；柏布考克海事集团经营德文波特船坞，用于改装或维修核潜艇，为克莱德海军基地的设施提供保障；劳斯莱斯公司设计、制造和保障英国潜艇上的核反应堆。希尔科集团公司运营和管理英国的核弹头开发和制造设施。

美国洛克希德·马丁公司在英国核武器计划中起到了主要作用。它是“三叉戟”导弹系统的主承包商，负责设计和制造英国“三叉戟”弹头的非核部件。英国“三叉戟”计划涉及的其他总部在美国的公司还包括：雅各布工程公司、通用动力公司和电船公司。雅各布工程公司负责核材料供应，通用动力公司生产“三叉戟”的辅助系统，包括发射控制系统，电船公司为英国航空航天系统公司提供交接潜艇方面的保障。

参考文献

[1] 彭岳. 英国战时核研究[J]. 自然杂志,1986(10):25.

[2] AWE 官网, AWE History.

[3] Wayne Cocroft, Sarah Newsome. Atomic Weapons Research Establishment, Foulness Essex[R],2009.

[4] Atomic Weapons Research Establishment,Foulness[R]. Essex. Research Department Report Series No. 13-2009, Issn1749-8777.

[5] AWE 2012 annual report[R],2013.

[6] Ainslie, J. Assuring Destruction Forever:Nuclear Weapon Modernization About the World[R],2012.

[7] Stephen Jones. Recent Developments at the Atomic Weapons Establishment[R]. House of Commons library,2009.

[8] Serco Group PLC. AWE Review Concluded Successfully and Updated Contract Agreed[R],2016.

[9] Jonathan Medalia, Shirley A Kan, etc. Nuclear Weapons R&D Organizations in Nine Nations,2009.

[10] Congress, C. R. S. Nuclear Weapons R&D Organizations in Nine Nations[R], 2013.

第三章　军用核材料储量及生产能力

军用核材料主要是指武器级高浓铀、军用钚、氚、锂-6 等核材料，是构成有效核威慑力量的核心材料。武器级高浓铀和军用钚的生产能力、储存量和技术水平，是建设有效、可靠核力量的源头、基础和根本前提，直接关系和制约着核武器发展的规模和水平。目前，军用核材料的生产及其技术的发展已经影响到政治、经济、军事、外交等各个方面，战略地位显著。

3.1　高浓铀材料储量及生产能力

铀化学符号为 U，原子序数为 92。铀具有放射性，铀-238（天然丰度 99.27%）和铀-235（天然丰度 0.72%）两种同位素最为常见。铀-235 能够自发裂变，也可被慢中子撞击而裂变，如果其质量超过临界质量，就能够维持核链式反应，这一特性使它可用于制造核裂变武器和核能发电。铀-238 在快中子撞击下能够裂变，如吸收中子也能在反应堆中生成钚-239。

根据国际原子能机构定义，铀-235 丰度达到或高于 20%的铀称为高浓铀，高浓铀可以用作武器装料。“武器级高浓铀”通常指铀-235 丰度大于或等于 90%的铀。联大 A/6858 报告（1967 年 10 月 6 日）曾指出：为用于核爆炸目的需将铀-235 丰度浓缩到 90%~95%。

☆本章由马荣芳撰稿，诸旭辉审阅。

3.1.1　高浓铀库存

高浓铀是核武器的核心装料，其生产能力和库存量代表了核武器装备的发展潜力。

英国的高浓铀生产在卡蓬赫斯特（Carpenhurst）气体扩散厂进行，1995 年 4 月 18 日，英国宣布停止武器用裂变材料生产。

1998 年 7 月 8 日，英国宣布拥有 21.9 t 高浓铀库存。英国是继美国之后第二个宣布军用易裂变材料库存的核武器国家。国际易裂变材料专家组（IPFM）2016 年 1 月估算，英国拥有 19.8 t 军用高浓铀库存，另外还有向国际原子能机构提交年度申报的 1.4 t 民用高浓铀[1]。

国际易裂变材料专家组

（International Panel on Fissile Materials ,IPFM）

该专家组成立于2006年1月，是由核武器国家和无核武器国家的军备控制和防扩散专家组成的独立小组，其成员来自17个国家，即：巴西、加拿大、中国、法国、德国、印度、伊朗、日本、墨西哥、挪威、巴基斯坦、韩国、俄罗斯、南非、瑞典、英国和美国。普林斯顿大学的“科学与全球安全”项目为IPFM提供管理和经费支持。

IPFM的任务是通过可行的政策、举措，减少全球高浓缩铀和钚库存，并定期更新研究报告。该报告的统计数据在国际上具有一定的权威性，被国际组织、各国政府和非政府组织广泛认可。

据国际易裂变材料专家组分析，英国库存的部分高浓铀是根据《共同防御协议》从美国获得的，其库存量足够目前的核武库和核潜艇使用几

《共同防御协议》

《1958年英国和美国为共同防御目的而合作使用原子能协议》，又称《共同防御协议》。在协议框架下，双方可交换核武器方面的保密信息，从而在以下领域开展合作：（1）发展防御计划；（2）培训核武器使用与防御方面的人员；（3）评估敌方使用核武器的能力；（4）发展核运载系统；（5）军用反应堆的研发与设计；（6）提高核武器的设计、研发和制造能力。此外，美国还同意向英国转让一套完整的潜艇核动力系统以及铀燃料。该协议已多次续签，最近一次续签是在2014年。

十年。美国为未来海军动力堆预留的大量多余武器级铀库存还可供英国核潜艇使用。

3.1.2 铀浓缩技术

英国从20世纪50年代开始铀浓缩技术研究，先后研究了气体扩散技术、气体离心技术和激光分离技术。

冷战时期，英国的高浓铀生产是在卡蓬赫斯特气体扩散厂进行的，该厂在1954—1962年期间生产高浓铀。1963年停止为军事目的生产高浓铀。由于气体扩散技术比较落后，目前全世界已经没有在运行的气体扩散厂了。英国目前使用气体离心技术进行浓缩铀生产，正在开展激光分离技术的研究。

英国的铀浓缩技术走的是三国合作的路线。西欧合资的Urenco公司是世界第二大核燃料生产商。Urenco公司的三分之一股份归英国政府所有（荷兰和德国公司各占另外三分之一股份）。英国的铀浓缩业务主要靠该公司运作。20世纪50年代末英国依靠Urenco公司开始研制齐佩型离心机，迄今为止已研制了7代工业型离心机（见表3-1）。除了第一代离心机是亚临界离心机之外，其余6代离心机均为超临界离心机。Urenco公司研制的离心机转子材料开始为全金属（铝合金或马氏体时效钢），后来改用纤维复合材料（玻璃纤维复合材料或碳纤维复合材料）。

英国对于激光同位素分离的研究可以追溯到1974年，当时英国原子能管理局同时探索了原子蒸气激光同位素分离和分子激光同位素分离技术。到1983年，英国作出专注于原子蒸气激光同位素分离技术研究的决定，由英国原子能机构与英国核燃料有限公司合作研究。1994年，英国停止了相关的研究工作。

表 3-1　Urenco 公司研制的 7 代离心机[2]

离心机的代	离心机型号	批量生产开始时间	转子高度/m	转子材料	单机分离能力/(kg SWU/a)
1	G1	1973	0.67	马氏体时效钢	4.2
	SNOR	1973	0.67	铝合金	4.2
	LEC	1974	0.56	马氏体时效钢+玻璃纤维	3.3
2	G2	1977	0.84	马氏体时效钢	5.2
	CNOR	1977	0.84	铝合金	5.2
3	G3S/G3	1980	1.5	马氏体时效钢	10.2
	4M	1980	1.5	铝合金	10.2
	3LC	1982	1.25	马氏体时效钢+玻璃纤维	9.8
4	TC10(SLM)	1984	3.26	马氏体时效钢	23.4
	TC-11	1987	3.26	碳纤维复合材料	32.6
5	TC-12	1990	3.36	碳纤维复合材料	39.4
6	TC-16	1993	4.66	碳纤维复合材料	72.8
7	TC-21	1999	5.40	碳纤维复合材料	96.8

3.1.3　铀材料生产基础设施

1. 铀浓缩基础设施

Urenco 公司在英国卡蓬赫斯特拥有一座民用气体离心铀浓缩工厂，该厂接受国际原子能机构的保障监督。卡蓬赫斯特一共有 3 个离心铀浓缩工厂，分别是 A3、E22 和 E23，3 个离心厂的总生产能力为 4 900 t SWU/a[2]。

A3 离心厂 1983 年开始运行，于 2015 年退役。之后，建筑物及其内部的设备被拆除。A3 离心厂（2015 年）如图 3-1 所示。

E22 离心厂 A1 和 A2 分离大厅已经关闭，分离大厅 B1 中的 3LC 型离心机于 2015 年退役。分离大厅 B2 中的 TC-11 型离心机计划于

图 3-1　英国 A3 离心厂

2018—2020 年退役，TC-12 型离心机将于 2024—2027 年退役。随后，建筑物和其中的设备将被拆除。E22 离心厂 2015 年状态如图 3-2 所示，工厂状态如表 3-2 所示。

图 3-2　英国 E22 离心厂

表 3-2　E22 离心工厂状态（2015 年）

分离大厅序号	离心机型号	运行时间
A1	LEC	1982/1983—2000
A2	LEC	1984/1985—2007
B1	3LC	1984/1987—2009/2015
B2	TC-11	1987/1990—2018/2020
	TC-12	1991/1997—2024/2027

E23 离心厂于 1998 年开始运行，分两期工程：一期工程在分离大厅 D、E 和 G 中安装 8 个 TC-12 型离心机级联（2018—2020 年）；二期工程在类似于分离大厅 H 和 J 的两个新的分离大厅投入运行（2026—2029 年）。E23 离心厂如图 3-3 所示。

图 3-3　英国 E23 离心厂

2. 铀转化相关设施

Urenco 公司在卡蓬赫斯特还建造了一个生产能力为 7 000 t/a 的尾料管理设施，该设施 2014 年投入运行，处理来自 Urenco 公司 3 个场址（卡蓬赫斯特、荷兰的 Almelo 厂和德国的 Gronau 厂）的尾料。贫

铀转化为更稳定的 U_3O_8 的化学形式贮存，氟可以再循环。

英国在斯普林菲尔德（Springfield）有一个铀转换厂，生产能力为 6 000 t/a，由美国西屋公司按照与核设施退役管理局（NDA）的合同管理。加拿大 Cameco 公司购买了从 2006 年开始为期 10 年的转换业务，转换厂的生产能力保持在 5 000 t/a。

3.2　军用钚材料储量及生产能力

钚的化学元素符号是 Pu，在自然界中仅随铀矿极其少量存在，不到铀含量的 $1/10^{11}$，无法开采。因此，任何钚都由人工生产。钚共有 15 种同位素（中子数从 232 到 245），其中最重要的是钚-239 和钚-238。前者是核武器的重要装料，同时也可以作为核燃料，后者是放射性同位素电池的重要原料。通常将钚-239 丰度等于或大于 93% 的分离钚称为“武器级钚”。

3.2.1　钚材料库存

武器级钚与高浓铀一样，是核武器的核心装料，其生产能力和库存储量代表了核武器装备的发展潜力。

1995 年 4 月 18 日，英国宣布“已停止生产用于爆炸目的易裂变材料”。1998 年 7 月 8 日，英国宣布有 7.6 t 钚库存不接受 IAEA 保障监督，其中 3.5 t 为武器级钚，4.1 t 为非武器级钚，在 3.5 t 武器级钚中，有 0.3 t 为国防冗余钚。1999 年，国防部将这 0.3 t 武器级钚置于国际保障监督措施之下，交由民用监管。国际易裂变材料专家组 2016 年 1 月估算，英国拥有 3.2 t 军用钚库存。另外，国际原子能机构宣布，截至 2014 年 12 月 31 日，英国拥有 103.3 t 民用钚。

3.2.2 钚材料生产堆

塞拉菲尔德（Sellafield）联合体负责生产英国的军用钚。塞拉菲尔德场址曾经有6座生产堆，其中两座“Windscale Piles”堆，4座“Calder Hall”堆，并建有后处理厂进行所有军用后处理活动[3]。此外，英国还在查珀尔克罗斯运行了另外4座军民两用的反应堆，其乏燃料也被运往塞拉菲尔德进行后处理。第一批从5座名义上民用的镁诺克斯（Magnox）反应堆中卸出的乏燃料也被用于提取军用钚。两座气冷的“Windscale Piles”石墨慢化堆在1957年发生石墨火灾后关闭。几座“Calder Hall”堆一直用于生产军用钚，直至1989年。位于查珀尔克罗斯的反应堆1964年前一直用于生产钚。之后则用于生产氚；这两组反应堆都是军民两用的，也就是它们也被用来发电。1958年7月，美、英两国签订《共同防御协议》，规定交换核武器、核试验信息和互转让易裂变材料等条款，正式确定了长期、稳固的核合作关系。1959—1980年，美、英两国根据该协议，开展了大量核材料转让工作。其中，美国向英国提供了7.5 t高浓铀和6.7 kg氚，作为交换，从英国获得5 366 kg钚。2016年2月底，英国国防部在国会回答问题时表示，英美两国定期进行核武器相关核材料的运输，但没有披露相关核材料的物理状态、质量和放射性水平。2011—2016年，英国共向美国进行了23次武器级核材料空运[4]。

3.2.3 后处理基础设施

自1952年以来，英国一直在塞拉菲尔德进行大规模的后处理。起初，驱动英国采取后处理的主要因素是为军用计划分离钚，但是随着民用核电计划的扩大，驱动因素还包括了资源利用，希望民用分离钚最终被回用到快堆中[5]。英国政府采取的乏燃料管理政策是，由乏燃料所有者根据自己的商业判断，决定相应的乏燃料管理方案，但它必须满足必要的监管要求。

英国第一座后处理厂位于塞拉菲尔德，即 B204 厂，是为了对核反应堆卸出的乏燃料进行后处理，该厂运行至 1964 年。同年，较大型后处理厂 B205 开始运行。B205 厂是为了对建在英国的 11 座镁诺克斯核电厂以及分别建在日本和意大利的另外两座镁诺克斯核电厂产生的乏燃料进行后处理。这座设施额定能力为每年处理 1 500 t 乏燃料，采用普雷克斯（Purex）流程从裂变产物和锕系元素废物中分离钚和铀。钚和铀分别被转化成 PuO_2 和 UO_3 粉末，贮存在塞拉菲尔德，等待在燃料中再循环使用。最后一座镁诺克斯反应堆已于 2015 年关闭，B205 厂预计于 2020 年关闭[6]。

图 3-4 英国 THORP 储存水池

20 世纪 70 年代末，英国核燃料有限公司获得了建造热堆氧化物后处理厂（即 THORP 厂）的许可，THORP 厂于 1994 年开始运行，主要后处理国外轻水堆乏燃料和英国先进气冷堆乏燃料，处理能力为 1 200 tHM/a。THORP 厂在 2005 年曾发生放射性废物大量泄漏且最初未探测到的事故，在关闭了两年之后，于 2007 年年末重新开始运行。THORP 厂是一座按工序进行的一体化工厂，采用了乏燃料水下接收与贮存、成熟的 Purex 流程、TBP/煤油作为萃取剂。THORP 厂于 2018 年停运。

参考文献

[1] International Panel on Fissile Materials Stocks[R]. Countries: the United Kingdom, updated 2018. http://fissilematerials. org/countries/united-kingdom. html.

[2] Enrichment Technology Company Technological Platform Urenco&Areva State & Development Forecast[R]. IBM™,2015.

[3] Nuclear Engineering International,2015,60(734):22.

[4] Plutonium:The first 50 years. DOE/DP-0137,Department of Energy,1996.

[5] IAEA-TECDOC. Status and Trends in Spent Fuel Reprocessing. Vienna,2005.

[6] http://fissilematerials. org/countries/united_kingdom. html,updated 2020-5-18.

第四章　核试验

为了军事或科学研究目的，按预定计划进行的核装置的爆炸试验称为核试验。核试验在英国核武器的研制、发展中具有十分重要的作用。

> **核武器国家（Nuclear Weapon State）**
>
> 《不扩散核武器条约》规定：1967年7月1日前制造并爆炸核武器或其他核爆炸装置的国家为核武器国家（简称“核国家”）。按照这一规定，尽管印度、巴基斯坦、以色列、朝鲜陆续进行了核试验和/或拥有了核武器，但一直不被国际社会认可为“核武器国家”。

> **“一点安全”设计**
>
> “一点安全”设计是指在炸药任一点引发爆轰，产生一定量值以上的核爆炸能量的概率极低（如美国标准是发生4 lb (1 lb =454 g)TNT 当量以上核爆炸能量的概率为百万分之一）。

核试验是紧紧围绕着核武器的研究、发展进行的，其目的可以分为：（1）研究和改进核武器。凡是新型号的核武器必须经过核试验的检验，以确定核装置爆炸的威力，测量核装置爆炸过程的各种参数，为改进设计和定型生产提供依据。如“一点安全”设计，采用钝感炸药和耐火弹芯等，与核战斗部的性能有关，需要通过核试验来检验设计的正确性。（2）研究核爆炸的效应及其防护。通过观察核爆炸的宏观现象和测量各种毁伤效应的参数，考察各种武器装备抗核爆炸的能力和抗核爆措施的有效性，为核武器的使用及防护提供依据。（3）考察核武器的可靠性和安全性。检验核武器的库存可靠性的某些指标，某些反映核武器安全特性的指标也需要通过核试验来考察。（4）研究核爆

☆本章由杨春才撰稿，曾路生、康力新审阅。

炸的探测技术。为核战争中探测核武器爆炸，为限制和禁止核试验条约的履约核查提供支持。（5）研究和平利用核爆炸技术。

根据美国自然资源保护协会（NRDC）和瑞典斯德哥尔摩国际和平研究所（SIPRI）的统计，截至 2017 年 9 月 3 日朝鲜第 6 次核试验，全世界共有 9 个国家累计进行了 2 059 次核试验。如表 4-1 所示。

表 4-1 各国核试验次数统计

国家	核试验次数	大气层核试验次数	地下核试验次数	高空核试验次数	水面、水下核试验次数
美国	1 032	167	815	9	41
苏联	715	209	496	5	5
英国	45	20	24		1
法国	210	45	165		
中国	45	23	22		
印度	3		3		
巴基斯坦	2		2		
南非	1	1			
朝鲜	6		6		

注：1. 本表把一次核试验爆炸多个核装置统计成 1 次。按此计数规则，表中统计印度和巴基斯坦分别进行了 3 次和 2 次核试验。由于两国都有在 1 次核试验中爆炸了两个核装置，即各自总共爆炸了 6 个核装置，这就是印度和巴基斯坦对外公布做了 6 次核试验的原因。

2. 英国和美国在内华达试验场共同进行了 24 次核试验。有资料将这 24 次核试验也计入美国核试验次数，即美国共进行过 1056 次核试验。美国能源部下属国家实验室的报告称美国共进行过 1054 次核试验，则是将二战期间美国在日本长崎、广岛的两次核武器实战应用排除在外。

表 4-2 核武器国家首次核试验统计

国家	首次核试验	首次空投核试验	首次大威力氢弹试验	首次地下核试验
美国	1945-07-16	1945-08-06	1954-02-28	1951-11-29
苏联	1949-08-29	1951-10-18	1955-11-22	1961-10-11
英国	1952-10-03	1956-10-11	1958-04-28	1962-03-01
法国	1960-02-13	1966-07-19	1968-08-24	1961-11-07
中国	1964-10-16	1965-05-14	1967-06-17	1969-09-23

4.1 核试验概况

1952年10月3日，英国成功进行了第一次核试验，成为世界上第三个掌握核爆炸技术的国家，1991年11月26日，进行最后一次核试验。英国共进行了45次核试验，其中21次为大气层核试验，由英国独立完成，试验方式涉及空投、地面、水面、塔爆和气球；另外24次为地下核试验，与美国合作完成，全部为竖井核试验[1]。另外，英国在1953—1963年间还进行了588次“小型试验”（minor trials），其中不乏带核材料的流体动力学试验。

英国核试验的主要目的是武器的研发和武器效应研究，还有少部分是研究储存/运输过程中发生事故情况下的放射性材料散布问题。通过上述核试验，英国先后突破了原子弹和氢弹的原理，定型多种型号的弹头。

大气层核试验。英国共进行过21次大气层核试验，这类试验主要用于武器化和实战效应研究。英国1952年的试验突破了原子弹原理，构建了最初的空基核力量；1956年左右实现了气体助爆和外源技术，使核弹头的质量减轻，比威力提高；1957年突破了氢弹原理。

地下核试验。英国从1962年开始到1991年为止，在内华达试验场采取与美国合作的方式共进行了24次竖井地下核试验，另外在内利斯空军靶场还进行过4次无核能释放的安全性试验。这24次核试验大部分是与武器化有关的试验。在英美联合试验中，双方有各自的责任。英国负责提供试验装置（包括核部件），制定试验程序；美国负责评估英国核装置试验的技术可行性，并组织实施试验以及装置在美国大陆上的运输[2]。两国共同分享试验结果，并共同进行试验结果的再研究。

小型试验。1953—1963年间，英国还进行过588次小型试验。这些试验分为5个系列：（1）Kitten系列（1953—1962年），该系列试验共 99 次，早期是为了研发钋铍内置式中子发生器，后期是为了用中子发生器产生的中子研究高能炸药组件的性能；(2) Tims 系列（1954—1960 年），该系列试验共 321 次，目的是研究模拟弹芯压缩过程行为以及高能炸药组件，其中 12 次使用了钚；(3) Rats 系列（1956—1960 年），该系列试验共 125 次，目的与 Tims 系列相同，但使用了不同的压缩诊断技术；(4) Vixen A 系列（1959—1961 年），该系列试验共 31 次，目的是研究事故条件下放射性材料和毒性材料的散布情况，其中 7 次研究钚在火烧条件下的散布情况；(5) Vixen B 系列（1960—1963 年），该系列试验共 12 次，属于核爆炸安全试验，主要是“一点安全”试验，这 12 次试验给澳大利亚马拉林加（Malaliga）试验场的塔拉纳基（Taranaki）地区造成了严重污染，地表土壤中残留的钚-239 有 23.24 kg，铀-235 有 22.3 kg，铀-238 有 8 847 kg，铍有 102 kg。

1996 年 9 月 24 日，英国签署《全面禁止核试验条约》。1998 年 4 月 6 日，英国和法国同时向联合国递交了《全面禁止核试验条约》批准文书。

《全面禁止核试验条约》

自1994年起，日内瓦“裁军谈判会议”开始谈判《全面禁止核试验条约》（CTBT）；历时三年，达成条约草案，由“联大”第50/245号决议于1996年9月10日通过，9月24日开放供签署。CTBT要求每一个缔约国承诺“不进行任何核武器试验爆炸和任何其他核爆炸”，以此阻止无核国家获取核武器，限制核武器国家发展、改进核武器，以及终止更先进的新型核武器的发展。CTBT被认为是国际核军控领域的重大成果，是停止核军备竞赛、防止核扩散的有效手段。

截至2019年6月，全球已有184个国家签署CTBT，其中包括俄罗斯、英国、法国在内的168个国家已批约。根据条约第十四条规定，条约附录二所列的44个拥有核反应堆的国家（即国际原子能机构认定具有核能力的国家）全部交存批准书后180天，条约生效。在这44个国家中，印度、巴基斯坦和朝鲜尚未签署条约，伊朗、以色列、埃及、美国和中国已签约但是未批约。CTBT至今未生效。

2002年2月14日和2006年2月23日，英国和美国联合在内华达核试验场进行了次临界实验。英国没有为恢复核试验做准备，以后如果还需要做试验，很可能继续利用美国的内华达核试验场。

4.2　核试验特点

英国历时39年，共进行45次核试验，是五个核武器国家中核试验次数最少的国家之一。综观其核试验技术的发展，具有以下特点。

核试验全部都在外国领土上进行。英国国土面积只有24.41万 km^2（包括内陆水域）。由于面积狭小，本土没有适合进行核试验的场地，因此不得不寻求在外国领土上进行核试验。在内华达试验场，英国和美国进行联合试验的时间长达30年，试验次数（24次）占英国全部核试验总数的53%。

英国核试验威力不大，百万吨级的氢弹试验只有3次，都是在圣诞岛（Christmas）进行的；在内华达试验场进行的爆炸除两次威力在20~200 kt外，其余爆炸威力都在150 kt以下；在澳大利亚场地上进行的12次试验中，最大威力为98 kt，有4次在10 kt以下。

英国地下核试验得到了美国的大力支持，所进行的24次地下核试验全部在美国的内华达试验场进行，美国不仅提供核试验场地，还负责评估英国核装置试验的技术可行性[2]。英国地下核试验全部采用竖井方式，没有进行过平洞方式的地下核试验，这与法国类似。但与法国不同的是，英国是在大气层核试验结束后才开始进行地下核试验。在其24次竖井核试验中，有7次爆炸威力小于20 kt，其中一次为零当量爆炸；17次爆炸当量在20~200 kt TNT。英国核试验使用的井深最大为600 m，最小只有66 m。英国从1962年后通过与美国合作进行地下核试验，其核弹头的设计大量借鉴美国的弹头设计，如“三叉戟”-Ⅱ导弹核弹头类似美国的W76弹头，但威力可调。

英国始终注重武器化和实战效应研究，通过大气层核试验实现了内爆式原子弹、助爆弹和氢弹原理突破和开发。例如，1952 年的试验既是原子弹原理试验，同时也兼顾了原子弹爆炸效应研究。1958 年开展了氢弹的定型试验。

4.3 核试验场建设

由于地理环境限制，英国没有大面积的、而且是无人居住的地区，本土没有合适的地区用于大气层核试验，因此，英国政府不得不在海外寻找大气层核试验场。当时重点考虑了在澳大利亚和美国选场的可能性，早期还考虑过加拿大。

英国先后使用过的核试验场共有 6 处，单独一国使用的是蒙特贝罗岛（Montebello）、伊缪（Imu）、马拉林加和莫尔登岛（Malden）；圣诞岛试验场进行几次核试验后交给美国使用。1962 年以后英国的核试验均在美国内华达试验场进行。

4.3.1 在美国的核试验场

1950 年 8 月，英国首先考虑使用美国太平洋上的埃尼威托克（Enewetak）试验场，但是 1950 年 10 月美国陆军参谋长拒绝了英国的请求。

1951 年 8 月，在回答英国的请求中，美国国务卿同意在内华达进行联合试验。但是，美国要求英国提供武器的细节，包括美国原子能委员会对英国武器本身的检查，这一要求英国没有接受。

为了使用内华达试验场，英国多次到华盛顿进行紧急磋商，希望 1952 年夏天试验装置能作为美国“结果-节孔”行动（Operation Up-shot-Knothole，1953 年美国在内华达试验场进行的系列试验，共 11 次）的一部分。试验计划有 50 名英国人参加，英国出资 100 万美元。但

1951 年 12 月新当选的丘吉尔保守党政府拒绝使用内华达的方案，其原因是不满美国强加的限制。此后，英国多次与美国磋商，1962 年美国终于同意英国在内华达试验场与其联合进行核试验[1]。

4.3.2　在澳大利亚的核试验场

1950 年 9 月，英国陆军参谋长向首相艾德礼推荐了澳大利亚西北海岸的蒙特贝罗群岛。艾德礼于 1950 年 9 月 16 日向澳大利亚时任总理罗伯特·孟席斯送去了一封密函，三天后澳大利亚总理原则上同意英国在其领土上进行核武器试验。1950 年 11 月，一支英国调查小分队进入蒙特贝罗场区。1951 年 3 月，艾德礼致信请求批准使用蒙特贝罗于 1952 年 10 月进行第一次试验，并请澳大利亚帮助准备和实施这次试验。1951 年 5 月，澳大利亚举行大选，罗伯特·孟席斯再次当选，正式同意实施这次试验。

1952 年 10 月 3 日，英国首次核试验在蒙特贝罗岛进行，但是后续试验转移了地点，最初转移到陆地上的伊缪，然后暂时回到蒙特贝罗岛，最后转移到马拉林加。

1955 年，澳大利亚政府不希望英国在其领土上进行氢弹试验，因此英国便选择圣诞岛和莫尔登岛进行试验。圣诞岛最早由英国发现，在二次世界大战期间被美国用作空军基地。二战后美军撤离。英国在这两个岛上完成 1957—1958 年间的系列试验后，便停止独立进行核试验。

4.3.3　澳大利亚马拉林加试验场治理

20 世纪 60 年代后，英国政府和澳大利亚政府先后对马拉林加试验场进行了不同程度的治理。其治理工作分为两个阶段。第一阶段是英国政府将马拉林加试验场归还给澳大利亚前进行的 3 次清理活动。这 3 次（分别在 1963 年、1964 年和 1967 年进行）清理工作完成后，仍留下大量的污染物质。1967 年，英国政府逐步关闭了马拉林加试验场，并于1967—1968年将该场区移交澳大利亚政府管理。1984年澳大利亚政府宣布成立皇家委员会，研究英国在澳大利亚进行的核试验，1986年成立了技术评估组和马拉林加顾问组。在澳大利亚和英国政府批准后，技术评估组进行了一系列实验室和试验场研究，提出了试验场的治理标准、方案及治理费用。澳大利亚政府优选了其中一种作为马拉林加试验场的治理方案。1999年，马拉林加试验场的治理工作基本完成，进入治理后的长期管理阶段。

表4-3　英国核试验大事记

1952-10-03	第一次核武器试验（钚弹，蒙特贝罗岛试验场）
1957-05-15	爆炸第一颗实验氢弹原型（含热核材料的助爆型原子弹，圣诞岛试验场）
1958-04-28	第一次氢弹试验（圣诞岛试验场）
1958-09-23	最后一次大气层核试验（圣诞岛试验场）
1962-03-01	第一次竖井地下核试验（英美联合，内华达试验场）
1991-11-26	最后一次核试验（竖井，英美联合，内华达试验场）
1995-09-14	英国宣布支持零当量核试验

参考文献

[1] 喻名德,杨春才. 核试验场及其治理(精)[M]. 北京:国防工业出版社，2007：45-60.

[2] Robert S Norris, Andrew S Burrows, Richard W Fieldhouse, eds. Nuclear Weapons Databook: Volume V-British, French, and Chinese Nuclear Weapons[M]. Boulder: Westview Press,1994.

第五章　核武器研究与发展

英国于 1952 年进行的核试验突破了原子弹原理，成为世界上第三个拥有核武器的国家。此后，英国逐渐实现了内爆式原子弹、助爆弹和氢弹的原理突破、型号研发和部署。

5.1　停止核试验前的核武器研究

英国最初的内爆式原子弹主要采用内置式钋铍中子源，这一时期研发的核弹头体积巨大，代表型号为 1953 年部署的“蓝色多瑙河”核炸弹（重达 4.636 t）。1956 年左右实现了原子弹氘氚气体助爆，采用外中子源技术，使核弹头质量减轻（重 794 kg），比威力提高，代表型号为 1961 年部署的“红胡子”核炸弹，MK1 和 MK2 两种型号爆炸当量分别为 15 kt TNT 和 25 kt TNT 是英国第二代核炸弹。1957 年实现了氢弹原理突破，代表型号为 1958 年开始部署的“黄太阳”热核炸弹，10 000 kt TNT 当量。构成英国第三代核炸弹。20 世纪 60 年代末开始，英国空基核力量以 WE 177 热核炸弹为代表 400 kt TNT 当量，形成第四代核炸弹，主要以仿美国技术为主。

英国也曾发展过机载空对地核导弹，但无建树。1954 年英国研制了“蓝剑”导弹，1962 年装备“火神”和“胜利者”轰炸机两个中队。“蓝剑”导弹射程 370 km，载荷为热核弹头，20 世纪 70 年代末全部退出现役。在“蓝剑”导弹退役后，英国在 1988 年制定了“核

☆本章由康春梅撰稿，田东风审阅。

战术空地导弹”（TASM-N）超声速核巡航导弹的发展计划，拟装备英国“狂风”轰炸机，取代其原来搭载的 WE 177 核炸弹，以增加机载的安全性。后来法国和美国参加，使该项目成为三国联合开发计划。在工程研制中，任务和方案多次变更。1993 年英国调整了核威慑战略，依附于美国的核保护伞，将其发展重点转移到海基弹道导弹上，放弃了 TASM-N 核巡航导弹计划，将其变成常规威慑力量发展计划[1]。

20 世纪 50 年代，英国曾考虑研发陆基中程弹道导弹，但由于井基导弹的生存脆弱性而放弃研发。英国主要由岛屿构成，如果建立陆基核武器，当敌方对夹杂在这些人口和设施中间的个别军事目标进行核打击时，可能带来严重的附带杀伤，数量有限的几次打击就可能毁灭整个英国，因此，英国始终没有建立起自己的陆基核力量。

在美国的帮助下，英国开始着手研发潜射弹道导弹携带的核弹头。1958 年美国修改的《麦克马洪法案》排除了美国《原子能法案》（1946 年）对英美核合作的限制，同年英美双方签署《共同防御协议》（MDA），从此确立了全面的核武器合作关系[2]。此后，英国在核弹头设计、工程技术、核试验、核材料获取方面得到了美国的广泛支持和合作。

英国所有的 24 次地下核试验都是在美国的内华达试验场与美国共同进行的。英国的核弹头设计也都采用了类似美国核弹头的设计，主要着力于小型化研究。英国 1966 年开始入库的 WE 177 核炸弹有 3 个改型，可能分别仿制了美国的 B57（助爆型原子弹）和 B61（氢弹）。1968 年和 1995 年开始入库的“北极星”潜射弹道导弹弹头以及“三叉戟”潜射弹道导弹弹头分别仿制了美国的 W58（氢弹）和 W76（氢弹）。在此期间，英国也曾试图更加独立地发展核力量，最具有标志性的就是 1980 年英国制定的“雪瓦莱”（Chevaline）计划，包括独立建造 4 艘核潜艇；独立为“北极星”导弹研发核弹头，称为“北极星”

A3TK 弹头，也称“雪瓦莱”弹头，每枚“北极星”导弹上携带两枚“雪瓦莱”弹头，它替换了“北极星”弹头（仿美国 200 kt TNT 当量的 W58 弹头设计）。“雪瓦莱”弹头当量为 400 kt TNT，1982 年服役，直到 1995 年“三叉戟”导弹服役后才退役。英国核装置原理突破的时间表见图 5-1。英国核弹头发展路线见图 5-2。

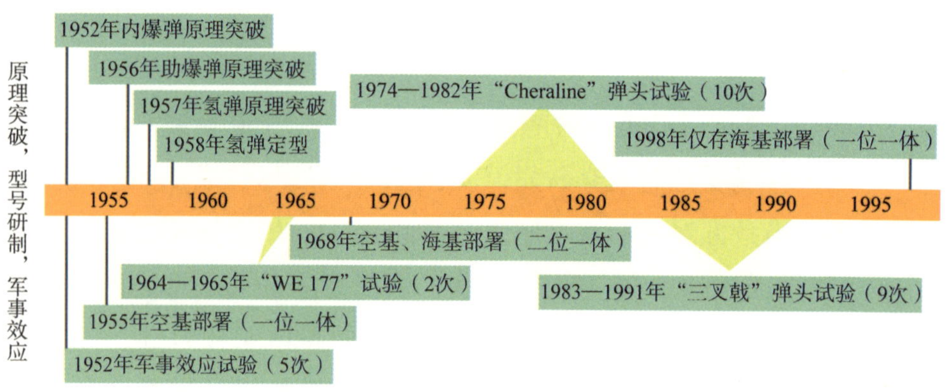

图 5-1　英国研发核武器重要事件时间表

目前在英国服役的“三叉戟”核弹头型号采用的设计和部件基本与美国的 W76 弹头一样，但高能炸药是英国自己研发的，并且具有 0. 3/5～10/100 kt 3 个范围的可调威力，以便实施不同的打击目的。英国的“三叉戟”弹头性能和水平可参照美国的 W76 弹头。美国的 W76 弹头威力为 100 kt，比威力很高，但设计裕量小。W76 弹头具有“一点安全”特性，安全等级为 C 级，即只具有增强核爆安全装置，而不具备钝感高能炸药（IHE）和耐火弹芯（FRP）。英美的合作使英国拥有了美国最先进的“三叉戟”核武器系统，但也使英国在技术和部件获取上对美国依赖严重。英国“三叉戟”弹头的主要非核子系统都是从美国购买，包括解保、引信与点火系统、中子发生器以及充气系统。另外英国的“三叉戟”导弹几乎全盘从美国引进，导弹的点火控制系统软件、导航系统都依赖美国的技术，“三叉戟”导弹的训练和维护也都是在美国完成的。

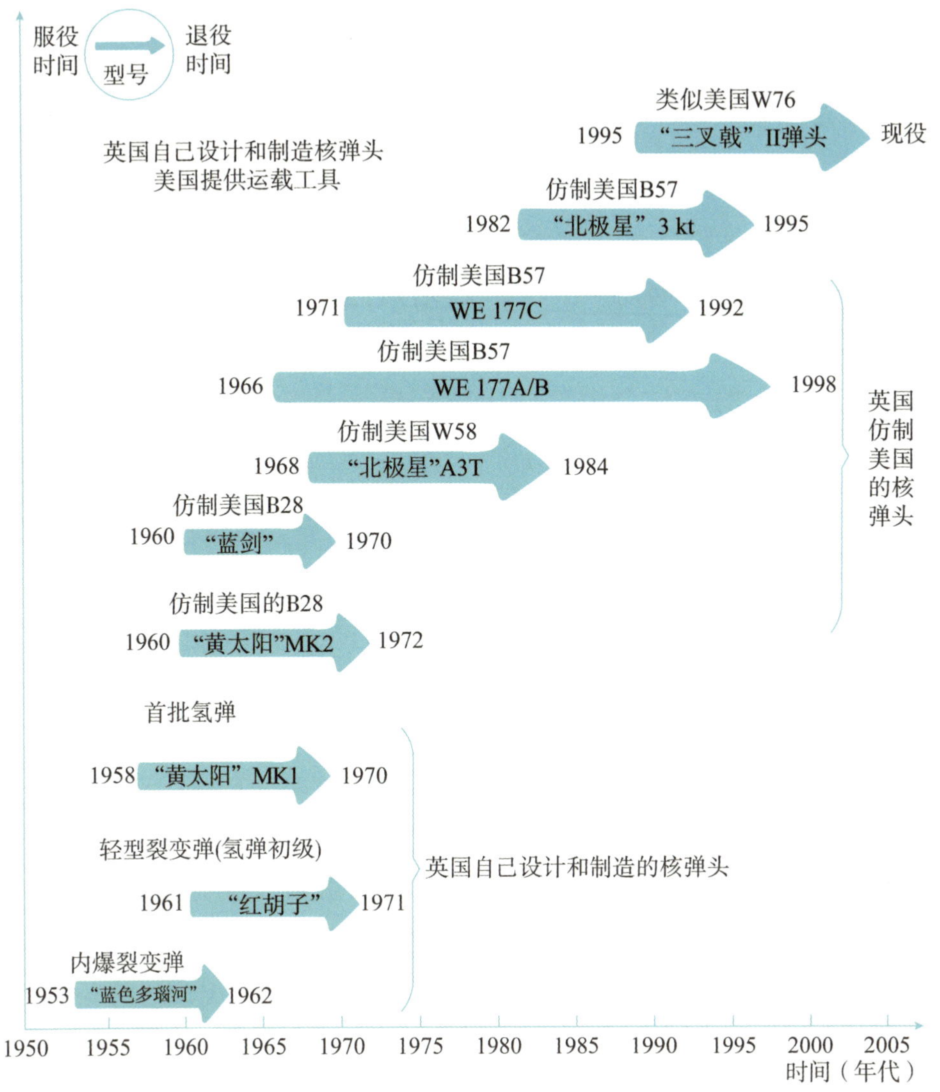

图 5-2　英国核弹头发展路线图

需要指出的是，英国宣布在今后削减的只是其国防部拥有的核弹头数量。至于裁减下来的“三叉戟”弹头是否被拆卸未见报道。英国通过实施“核弹头能力维持计划”（NWCSP），保持其现役弹头的安全性和可靠性以及后继弹头的研发能力。

5.2　停止核试验后的核武器研究

1992 年 9 月，美国总统宣布暂停核试验后，英国也被迫暂停核试验。1996 年，英国签署了《全面禁止核试验条约》，并于 1998 年批准。英国于 2002 年启动了“核弹头确保计划”，通过对核爆物理过程的进一步理解，对弹头安全性和可靠性提供必要的置信度[3]。“核弹头确保计划”的委员会由英国国防部首席科学顾问基思（Keith O′Nions）牵头，其成员包括国防部的职员、核研究咨询委员会的主席、原子武器研究院的首席科学家等。核研究咨询委员会（Nuclear Research Advisory Council）是国防部授权成立的一个非政府机构，成立于 1996 年，负责评估原子武器研究院的核武器研究及能力维持计划。

“核弹头确保计划”主要利用高保真的计算机模型，并配合流体动力学实验数据、等离子高能密度实验数据、材料老化实验数据、历史核试验数据和武库监测的数据，实现对弹头寿命与性能进行预测。英国对基于模型的预测方法已有数十年经验，拥有强大的地面实验计划和基于模型的核当量认证战略。同时英国可以根据英美《共同防御协议》（1958 年）共享美国的数据和试验结果，以及使用美国先进的实验设施（如，U1A 装置、OMEGA 激光器、国家点火装置等）[4]。

原子武器研究院认为，在基于模型的预测方法中，武器设计者与计算代码是最重要的资源，运行代码的高性能计算机次之，第三为流体动力学实验，最后为等离子体物理[5]。图 5-3 给出了“核弹头确保计划”的流程示意图。该计划是一个不断反复的过程，其中的流体动力学实验和等离子高能密度实验可用于改进计算模拟中使用的理论与算法。反之，改进的模型又可以被实验校验。最后利用这些模型对弹头性能进行预测，预测结果与核试验数据进行对比后又可以进一步改进模型。同时，定期对核武库进行监测，得到的数据可进一步提高模拟的精度。

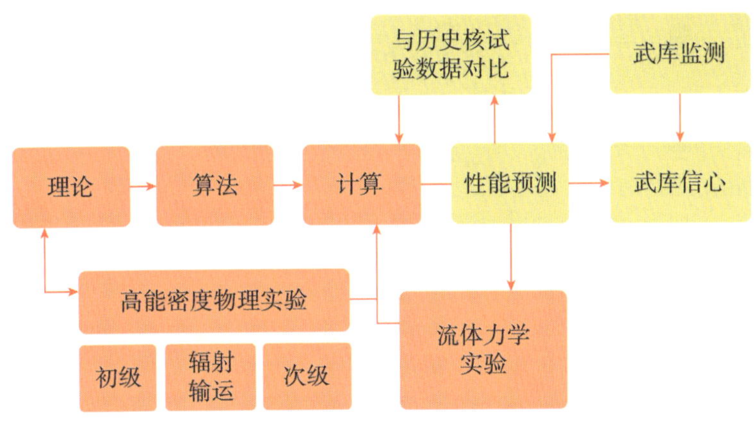

图 5-3 “核弹头确保计划”的流程示意图[6]

为确保“核弹头确保计划”的有效实施，英国国防部于 2005 年启动了配套的投资计划，即“核弹头能力维持计划”（NWCSP）。该计划是基于 2002 年 12 月国防部首席科学顾问的一项研究，该研究认为，“为了维持英国核弹头的能力，需快速且大幅增加投资。”该建议于 2004 年 1 月获得了内阁支持，并在 2005—2007 两个财年对原子武器研究院追加投资 10 亿英镑，以维持原子武器研究院的关键技能与设施[7]。2006 年英国白皮书称，“国防部将继续投资，以维持原子武器研究院的能力。”[8]

“核弹头能力维持计划”将一直持续至 2025 年，总花费预计为 218. 84 亿英镑[9]。“核弹头能力维持计划”的实施单位为原子武器研究院，由国防装备与保障总署的战略武器计划小组负责管理[10]。该计划的目标为：(1) 交付和确保英国目前和未来武库的能力；(2) 研发与交付必要的科学、技术与生产能力和关键技能，从而使原子武器研究院能够运行、维护与认证“三叉戟”弹头的安全性与性能；(3) 按照批准的 MK4A 设计方案（生产、技能与科学），研发并交付给核武库；(4) 交付维持现有弹头和支持未来可能弹头所需的设施、技能、生产与科学能力；(5) 交付新的流体动力学设施。

表 5-1　英国核武器系统类型及参数

序号	弹头代号	投掷工具	最大直径	长度/m	质量/kg	威力	核战斗部	生产数量	入库时间	退役时间
1	“三叉戟”弹头	“三叉戟”导弹/“前卫”级核潜艇	暂无数据	暂无数据	暂无数据	三种，分别是0.3，5～10，100 kt TNT	氢弹	不确定	1995	现役
2	“北极星”A3TK	“北极星”A3TK导弹/“决心”级核潜艇	暂无数据	暂无数据	暂无数据	40 kt TNT	氢弹	100	1982	1995
3	WE 177C	“海盗”S.2、海上直升机FRS.1“海王”等飞机	暂无数据	暂无数据	457.0	可变当量，最大200 kt TNT	氢弹	159	1971	1992
4	WE 177B	“海盗”S.2，海上直升机FRS.1、“海王”等飞机	暂无数据	暂无数据	457.0	可变当量，最大450 kt TNT	氢弹	53	1966	1998
5	WE 177A	“火神”B.2，“海盗”S.2A/B，“美洲虎”GR.1，“狂风”GR.1飞机	暂无数据	暂无数据	282.0	可变当量，最大10 kt TNT	裂变弹	107	1969	1992
6	“北极星”A3T	“北极星”A3T导弹/“决心”级核潜艇	暂无数据	暂无数据	暂无数据	200 kt TNT	氢弹	150	1968	1984
7	不详	“蓝剑”空地导弹	1.28	10.7	不详			不确定	1962	1983

续表

序号	弹头代号	投掷工具	最大直径	长度/m	质量/kg	威力	核战斗部	生产数量	入库时间	退役时间
8	“黄太阳” MK2	“火神” B. 1/B. 2 “胜利” B. 1/B. 2 轰炸机	1. 20	6. 40	3 175. 0	1 Mt TNT	氢弹	150/86	1960	1972
9	“黄太阳” MK1	“火神” B. 1	1. 20	6. 40	3 175. 0	1 Mt TNT	首批氢弹	10/37	1958	1961
10	“红胡子”	“堪培拉” B. 15/16, “勇士” B. 1, “火神” B. 2, “胜利” B. 2, “弯刀” F. 1, “海盗” S. 1/S. 2 攻击机	0. 90	3. 66	907. 0	可变当量 5～20 kt TNT	第二代裂变弹	80（空军）30（海军）	1961	1971
11	“紫罗兰俱乐部”	暂无数据	暂无数据	暂无数据	4 082. 0	500 kt TNT	过渡型兆吨裂变弹	5	1958	1959
12	“蓝色多瑙河”	“勇士” B. 1, “火神” B. 1, “胜利” B. 1	1. 50	7. 50	4 636. 0	10～16 kt TNT	首枚内爆原子弹	20/58	1953	1962

在停止核试验条件下，英国通过“核弹头能力维持计划”，开展了一系列工作，以支持核武器维护、核武器现代化、科学技术研究、基础设施建设和升级，以及人力资源建设。

5.2.1　核武库维护

原子武器研究院每年都会向国防部递交核武器健康状态年度评估报告，以确保“三叉戟”持续满足安全与性能需求[11]。武库监测是英国在禁核试条件下继续认证核武库最主要的技术手段之一。这种监测需要将核弹头拆解成部件，然后进行“法医式”破坏性检查，以确保武器功能正常以及所有的设计安全特征完好无损，抽检比例为每年1枚。原子武器研究院以每年1枚或几枚的速度生产“三叉戟”弹头，以弥补抽检核弹头造成的损失，同时保持原子武器研究院不丧失制造核弹头的能力、技能与经验[12]。

5.2.2　核武库现代化

当前英国武库中只有一种类型的核弹头，即“三叉戟”核弹头，与美国的W76弹头设计十分相似。“三叉戟”弹头于1994年开始服役，共用了6年的时间全部入库。考虑到库存“三叉戟”弹头的日益老化，为了延长其使用寿命，英国于2006年启动了“MK4A改型计划”，对弹头进行升级与整治，主要升级了MK4A的“解保、引信与点火系统”组件，这些组件从美国购买。升级后的核弹头型号类似美国的W76-1核弹头。

2011年3月，美国桑迪亚国家实验室宣布在其武器评估与试验实验室（WETL）首次进行了“英国的W76-1试验”，为“英国使用W76-1提供了关键的鉴定数据”[13]。2014年9月到2018年期间，英国将根据“三叉戟”制造规划进展情况，启动生产MK4A /W76-1核弹头，以实现核武库的现代化[14]。

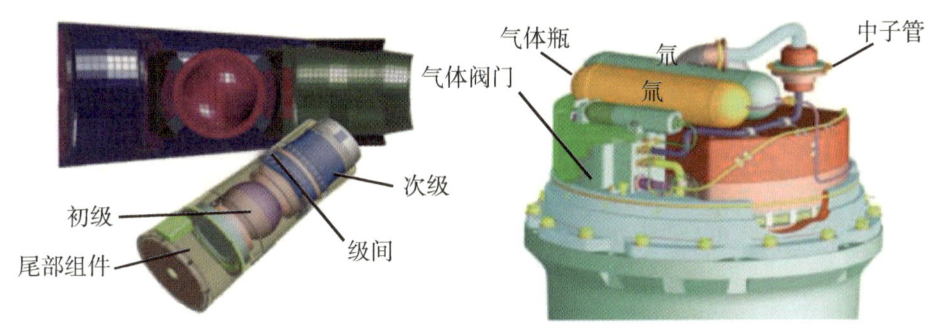

图 5-4　英国“三叉戟”核弹头

5.2.3　核科学研究与试验

1. 高性能计算

一直以来，科学与技术计算一直在核武器的设计中发挥着重要作用。由于停止核试验后主要依赖数值模拟对物理和工程建模来维持核武库安全和性能，就更加依赖这种研究手段。停止核试验后，为了追求三维物理模拟和工程系统模拟，满足物理部、工程部、材料部的模拟需求，原子武器研究院不断发展与更新计算硬件，其计算速度从 1998 年的 1 千亿次/秒提高至 2015 年的 2 千万亿次/秒（见表 5-2）。

原子武器研究院于 2008 年改变了其高性能计算战略，决定采用多平台来满足科学家们不断增长的需求。2010 年采购了布尔（Bull）公司的百万亿次大规模并行 Blackthorn 计算平台，2013 年为该平台采购了硅图（SGI）公司的高速内存储存系统；2014 年又采购了硅图公司的千万亿次的大规模并行 Spruce 运算平台。目前这两个平台都在运行，广泛用于等离子体物理、武器设计和材料建模等方面的模拟，获得了比以前更精细的研究结果。

表 5-2　1954—2015 年间原子武器研究院计算平台及其处理能力

时间	系统	运行速度/(ops/s)
1954	Ferranti Mark1	400
1955	English Electric Deuce	500
1957	IBM 704	5 900
1960	IBM7090	42 000
1962	IBM 7039 Stretch	150 000
1971	IBM 360/75	600 000
1975	IBM 370/168	1 800 000
1979	Cray 1A	80 000 000
1984	Cray X-MP-22	444 444 444
1990	Cray Y-MP 8/864	2 666 666 666
1995	Cray C98D	8 000 000 000
1996	IBM SP	17 000 000 000
1998	IBM SP（Vine）	115 000 000 000
2002	IBM Blue Oak	2 880 000 000 000
2006	CrayXT3	42 000 000 000 000
2010	Bull Willow（共有两台）	36 000 000 000 000（单个）
2010	Bull Blackthorn	145 000 000 000 000
2013	Bull Willow（升级）	140 000 000 000 000（单个）
2013	Bull Blackthorn（升级）	380 000 000 000 000
2014	SGI ICE X (Spruce)（共 3 台）	1 800 000 000 000 000
2015	SGI ICE XA（Rosewood）（升级）	2 000 000 000 000 000

2. 流体动力学

流体动力学是原子武器研究院科学家们的一个主要研究领域，因为当核弹头初级被炸药压缩，部件经受极其高的应变率，导致其行为类似于流体。预测材料在高压和高应力作用下流动的动态行为对理解核弹头性能至关重要。在停止核试验情况下，这些实验获得的数据对评估武器安全性和性能极其重要。

研究流体动力学的最重要的实验设施为闪光照相装置。原子武器

图 5-5　Blackthorn 计算平台（左），Spruce 高性能计算平台（右）

研究院在闪光照相装置研发方面一直处于领先地位，在 20 世纪 60 年代就建成了同时可运行两台 X 射线机的 Mogul 双闪光照相装置，其中的 Mogul E 装置 X 射线机是世界上最大、功率最强的（另一台 X 射线机 Mogul D 装置在 1 m 处的剂量为 150 R），可产生 10 MeV/30 kA/80 ns 的电子束，在 1 m 处的剂量为 400 R[8]。停止核试验之前，原子武器研究院凭借该装置降低了英国对核试验的依赖[6]。虽然双闪光照相装置能够捕获实验中不同轴的图像，可洞察三维图像，但其局限性在于每次实验只能拍到两张图像，且产生数据的精度还不足以满足停止核试验条件下的要求，为此，还需进一步加强闪光照相能力。

原子武器研究院于 2000 年左右曾设计过一种新型流体动力学研究装置（HRF）。HRF 曾计划使用 5 台 X 射线机，可产生以时间为顺序的三维实验图像。之后原子武器研究院又改为建造三轴闪光照相装置（“水蛇座”）。据称“水蛇座”的预计成本约为 10 亿英镑，考虑到成本高、交付时间晚[15]，英国政府决定放弃建造“水蛇座”，改为与法国合建流体力学设施。2010 年 10 月，英法两国签署了关于合建流体力学设施的协议（TEUTATES）。根据协议，英法两国将在法国瓦尔杜克研究中心共建与运行三轴流体动力学设施，在英国奥尔德玛斯顿场地联合运行一个技术研发中心（TDC），用于研发重要的诊断技

图 5-6 Mogul 装置外观图

术[5]。技术研发中心和 Epure 装置（多轴辐射照相设施）第一轴都已于 2014 年建成，Epure 装置第二轴和第三轴预计将于 2019 年和 2022 年建成。除了与法国联合建实验装置外，英国还可使用美国的双轴闪光照相装置（DARHT）[16]。

3. 等离子物理

等离子物理研究是停止核试验条件下保持英国核威慑能力的重要研究手段，主要是运用高功率激光装置，在实验室条件下模拟武器相关过程。

为了支持《全面禁止核试验条约》时代的核弹头认证，原子武器研究院于 2013 年建成了第二代“猎户座”激光装置，开启了激光物理实验的新时代。“猎户座”激光器由 10 条长脉冲（纳秒级）光束和两条短脉冲（亚皮秒级）光束组成，纳秒光束线路的每条光束在 351 nm 波长下，在 100 ps~5 ns 用户自定义的脉冲形状下，每 1 ns 可输出 500 J 能量。短脉冲光束线路的每条光束在 500 fs 内可输出 500 J

的能量。除支持英国核威慑计划之外，英国利用“猎户座”装置还开展了天体物理和激光聚变研究。“猎户座”装置15%的系统运行时间可供英国学术界使用。

图 5-7　“猎户座”装置激光大厅的长脉冲激光束（左）与靶室（右）

英国与美国在高能密度物理方面已有数十年的合作。美国建造国家点火装置（NIF）时，曾考虑过让英国在其中建造一个模块，后来取消了建造模块的计划，原子武器研究院自己新建了一个小型的激光设施，即“猎户座”装置[17]。在设计上，美国的国家点火装置和英国的“猎户座”装置可以互补，“猎户座”装置利用长脉冲激光压缩材料后再用短脉冲激光加热样品，能获得比国家点火装置更高的温度和更大的压力（600 eV，3 g/cm^3）[6]。原子武器研究院主要利用该装置研究核武器中使用材料的不透明度和状态方程[18]。

英国、美国和法国在等离子物理方面有合作，英国可以使用美国的国家点火装置和 Omega 激光器，也可使用法国的兆焦耳激光装置（LMJ）。国际组织 Pugwash 小组 2002 年的一篇报告称，美国建造 NIF 时，英国资助了 3 000 万英镑，英国使用 NIF 的时间与英国的资助金额有直接关系，3 000 万英镑是英国获得 NIF 使用资格的最低额度。

4. 次临界实验

英国的次临界试验也是在美国的内华达试验场与美国共同进行的。

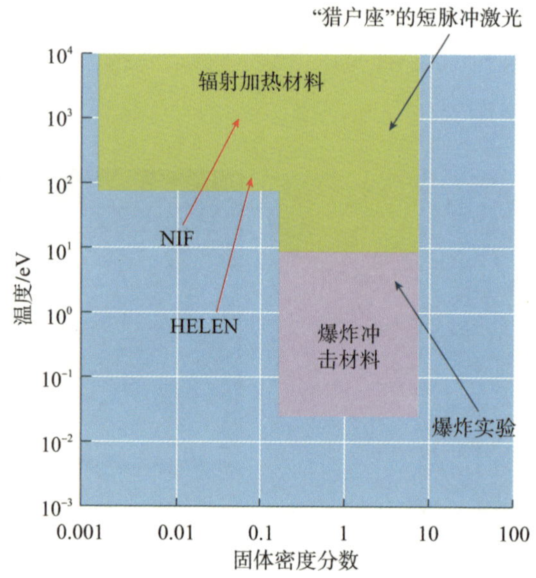

图 5-8　美国国家点火装置、英国 HELEN 激光器和
"猎户座"激光装置器所能达到的温度和压力

英国在停止核试验后进行过两次次临界实验，主要用于钚材料微喷和现有弹头核部件性能的研究。这两次次临界实验的基本情况见表 5-3。

表 5-3　英国在禁核试后进行的次临界实验

代号	时间	实施单位	实验目的	实验方式
维托/埃特纳（Vito/Etna）	2002-02-14	洛斯阿拉莫斯国家实验室/原子武器研究院	研究钚材料在强冲击下的层裂和自由面喷射问题；保持恢复核试验准备能力	洞井
克拉克托（Krakatau）	2006-02-23	洛斯阿拉莫斯国家实验室/原子武器研究院	研究弹芯样品的层裂和喷射现象	洞井

第一次实验代号"维托"（Vito），与美国进行的"罗科"（Rocco）、"马里奥"（Mario）和"阿曼多"（Armando）实验合并称为"种马"（Stallion）系列实验。Vito 实验由洛斯阿拉莫斯国家实验室和英国原

子武器研究院合作进行，实验目的是研究钚材料在强冲击条件下的层裂和喷射问题；演习核试验程序，保持恢复核试验准备的能力。此次实验采用了钢架吊装技术，光缆和电缆从实验容器的盖上进入实验容器，接入定时和起爆系统、物理包和诊断包，诊断电缆通过爆炸屏障墙（爆室门）接到诊断室内的数字示波器、超高速扫描相机和激光诊断仪上。钢架下放到安装好的井内容器罐中，使实验处于完全密封状态。实验测试装置包由英国原子武器研究院准备，采用在洞室内向下打井（即洞井）的方式进行。洞井直径大约 1.5 m，深大约 11 m。测试支架中依次放置定时和起爆系统、能量释放测试包、物理包以及测试装置包，采用光纤和电缆传输光电信号。测试设备主要有石英计、Asay 膜、激光和电子条纹相机、Fabry-Perot 干涉仪（原子武器研究院）和洛斯阿拉莫斯国家实验室的 VISAR 测速仪。Vito 实验的实验钢架和诊断设备如图 5-9~图 5-11 所示。

图 5-9 Vito 实验主要研究喷射问题

1—小钢架；2—光纤电缆；3—原子武器研究院的实验物理包

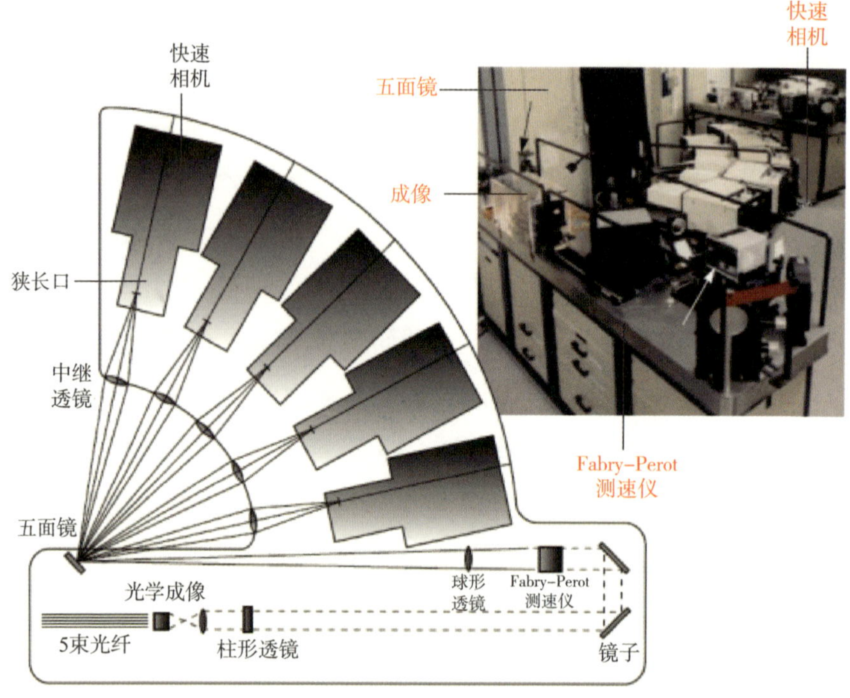

图 5-10 Vito 实验用的 Fabry-Perot 测速仪

图 5-11 Vito 实验用的 VISAR 测速系统

第二次实验代号为“克拉卡托”（Krakatau），于 2006 年进行。实验样品使用英国设计的弹芯装置，实验目的是研究钚材料的层裂和喷射问题，同时也演习了传统方式核试验的程序。英国国防部声称“克拉卡托”实验是为了研究现有弹头核部件性能，但洛斯阿拉莫斯国家实验室官员暗示此次实验主要用于英国“高确信度弹头”，同时获得的实验数据可以用于可靠替换弹头设计。本次实验采用了传统核试验的分层回填堵塞技术，回填材料主要有大理石、砾石、水泥浆和混凝土。

5.2.4　基础设施建设

英国核武器的大部分支撑设施建造于20世纪五六十年代，老化严重、维护日益困难且成本巨大。再者当时主要是为了制造核武器而修建的，停止核试验之后的核武器研究主要集中在维持核武库的安全、可靠和保持核武器的设计与制造能力，为此，对支撑设施也有新要求。

在“核弹头能力维持计划”下，原子武器研究院正在对场地内的基础设施与科研设施进行现代化，涉及的设施共有100多个，设施方面的花费约占总花费的40%，其中新建的大型设施有5个：“猎户座”激光设施、“神马座”铀浓缩设施、“圆规座”高能炸药设施、“山案座”组装拆卸设施和流体动力学设施（与法国合建）。英国目前使用的和正在建造中的核设施基本情况见表5-4。

表5-4　英国核设施

名称	用途	特征	建造费/亿英镑	完成时间
Pegasus “神马座”	铀浓缩设施；用于制造、储存、铸造、机械加工以及回收浓缩铀	办公用房、存储设施、材料处理区和辅助支持设备	6.34	2016—2020

续表

名称	用途	特征	建造费/亿英镑	完成时间
Circinus “圆规座”	高能炸药制造设施；用于制造高性能炸药，包括炸药成形加工和操作，提供有限存储能力	包括两栋大楼	2.31	2011—2015
Mensa “山案座”	弹头装配和拆卸设施，替换现有设施；用于组装、维护、拆卸核弹头	长 130 m，宽 112 m，由厂房和辅助建筑物构成	7.34	2014—2015
Phoenix “凤凰座”	用来制造高精度非核部件			2015 年完成
Octans “南极座”	冶金学与材料科学联合实验室设施；研发替换核弹头中老化的材料	未知	未知	2016—2020
高能炸药制造设施（HEFF）				2015 年 9 月开始运行
A90 设施升级	钚弹芯制造设施的整治和现代化，用于制造英国核弹头的弹芯部件	未知	2.72	未知
Leo “狮子座”	小部件临时设施；用于制造小型组件	包括建筑大楼和周围基础设施（废料收集和转化设施）	0.16	2011—2015
复杂机械设施（CMF）				2014 年 12 月开始运行
Epure 设施	多轴辐射照相设施；与法国合建	未知（法国建造的一轴是 Airix X 光机，产生电子束 16~20 MeV，3.5 kA，60 ns）	未知	2022

续表

名称	用途	特征	建造费/亿英镑	完成时间
Orion “猎户座”	大型激光器装置；在实验室内研究核爆条件下的物质特性以及核聚变	12 束，其中 2 束为短脉冲；提供长脉冲紫外激光和短脉冲红外激光。每束长脉冲能量 500 J/ns；短脉冲持续 0.5 ps。整幢大楼长约 100 m，宽约为 60 m，高约为 26 m	1.82	2013 年开始运行
“果园”项目	高性能计算综合设施	占地面积 4 500 ft^2，位于 Aldermaston 场	未知	2011—2015
Gemini “双子座”	新综合办公大楼	提供舒适的员工办公环境，包括两栋大楼	0.78	2009-10

5.2.5　人才队伍建设

英国核武器研究人员的平均年龄日趋偏大，特别是曾参与过核试验的人员数量在急剧减少，他们的知识必须得以保留。为了确保原子武器研究院的核心技术得以维持，一方面需要最好的知识管理[19]，另一方面需要招聘新的员工。

在“核弹头能力维持计划”下，原子武器研究院启动了招募新员工的计划，招募人员的学历组成：25%为本科学历，50%为硕士学历，25%为博士学历。招募的技术领域非常宽泛，包括：化学、计算机科学、材料科学、核物理、化学工程、制造、冶金、电与电子工程、机械工程、保险、实验室支持和 IT/电讯。招聘过程进展很顺利[20]，原子武器研究院的雇员已从 2001 年的 3 500 名增加至 2006 年的

4 500 名。

原子武器研究院招聘进展顺利得益于其在技术拓展计划下与国内研究机构的合作。在技术拓展计划下，为了开发和维持稀缺资源的招募渠道，吸引高素质的大学生、硕士、博士和博士后，原子武器研究院与国内高水平大学合建了研究中心。2008 年与帝国大学合建了冲击波物理研究所，在研究所内开设了流体力学、冲击波等课程，为原子武器研究院乃至整个英国培养流体力学方面的稀缺人才，非常成功。2015 年，原子武器研究院与伦敦大学合建了计算材料科学中心，专门培养材料科学与建模方面的博士。此外，原子武器研究院的学徒计划也为其支撑人力资源作出了贡献。

参考文献

[1] 张翔．世界主要国家核导弹武器发展路线图[M]．北京:国防工业出版社，2013:248.

[2] Nick Ritchie. Nuclear Warhead Activities at AWE Aldermaston[R],2009.

[3] White, M. Modernizing for the Second Nuclear Age[R],2014.

[4] Tom Tierney, G A. The US-UK Mutual Defense Agreement Role in a Responsive Nuclear Infrastructure[R],2006.

[5] Randewich, A. Balance of Investment for Nuclear Physics Package Certification [R],2009.

[6] AWE, Project Hydrus and Pulsed Power at AWE[R],2007.

[7] Fourth Report of Session. The Future of the UK's Strategic Nuclear Deterrent: the Manufacturing and Skills Base,2006.

[8] O'Nions K, Pitman R, Marsh C. Science of Nuclear Warheads[J]. Nature, 2002, 415(6874):853-857.

[9] MOD Government Major Projects Portfolio data [R],2013.

[10] Defence, M O, Head of Strategic Technologies and Programme Director for the

Nuclear Warhead Capability Sustainment Programme (NWCSP)[R],2015.

[11] AWE 2008-9 Annual Review[R],2008.

[12] T M, H Beach, J L Finney, R S Pease, J Rotblat. An End to UK Nuclear Weapons[R],2002.

[13] SNL 2011 Labs Accomplishment[R].

[14] Defence, M O. Appointment as Senior Responsible Owner for the Nuclear Warhead Capability Sustainment Programme[R],2014.

[15] Service, N I. AWE: Britain's Nuclear Weapons Factory Past, Present, And Possibilities For The Future[R],2016.

[16] Defence, M. W. M. o., Modernizing for the Second Nuclear Age[R],2014.

[17] Ainslie, J. US-UK Nuclear Sharing: Deterring Disarmament[R],2010.

[18] U. K. Atomic Weapons Establishment Successfully Installs New SGI Supercomputer [R]. November 17.

[19] Malcolm Spence. Opportunities and Risks for Future Stockpile Decisions: The Technical Challenge[R],2008.

[20] Fourth Report of Session. The Future of the UK's Strategic Nuclear Deterrent: the Manufacturing and Skills Base,2006.

第六章　核武库规模及核力量建设

英国采取“最低限度的核威慑”战略，目前保持着单一的海基核力量。

英国海基核力量作为国家唯一的战略核力量，是保卫英国国家安全的终极手段，也是英国海军装备建设的重点。尽管英国同意其核力量接受北约的指挥，但强调保留独立使用核武器的权力，一旦英国国家安全需要，可独立使用其核力量。

6.1　核武库规模与结构演变

1953 年起，英国共生产了约 1 200 枚核弹头。库存核弹头数量最多时约 500 枚（1975—1981 年间），英国历年核武库规模参见图 6-1[1]。英国弹道导弹核潜艇及其运载的弹道导弹发展路线参见图 6-2。

2010 年 10 月 19 日，英国公布《战略防务与安全评估》报告，继续强调保持核力量的必要性，认为维持更小规模的核武库也能实现有效和可信的核威慑。报告中提出下一代核潜艇上导弹发射管数量从目前的 16 个减至 8 个，单艘潜艇最多部署的核弹头从 48 枚减至 40 枚；到下个十年中期（即 2025 年），使英国的核弹头库存从目前的 225 枚减至不多于 180 枚，实战部署的核弹头从 160 枚减至不多于 120 枚。

☆本章 6.1 节由马春燕撰稿，田东风审阅。

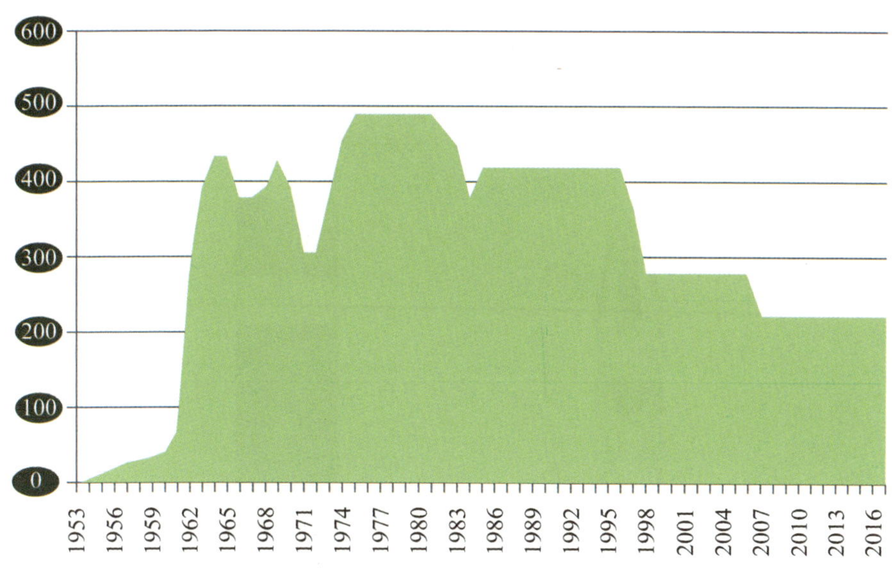

图 6-1　英国历年核武库（1953—2017 年）

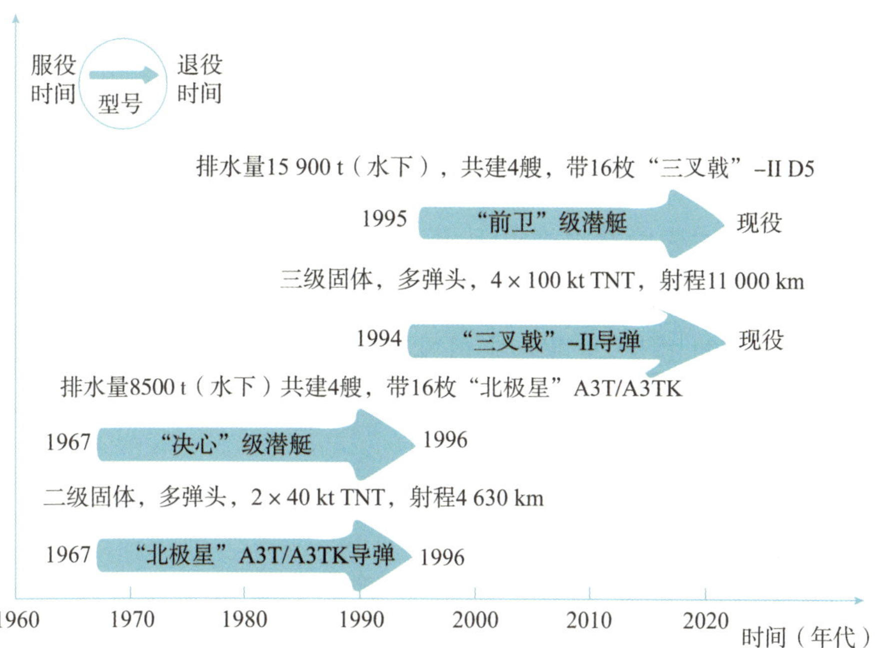

图 6-2　英国潜射战略弹道导弹及弹道导弹核潜艇发展路线图

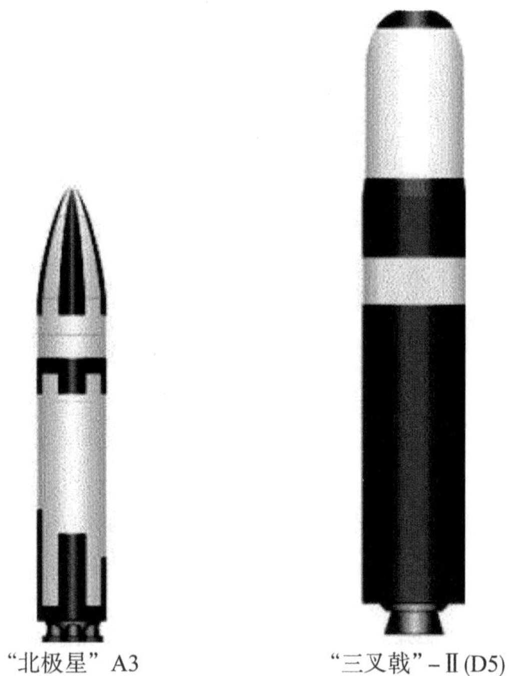

图 6-3　英美共用的“北极星” A3、“三叉戟”-Ⅱ（D5）弹道导弹

2012 年，英国决定今后 5 年每年向英国原子武器研究院提供 16 亿美元，用于生产和维护英国“三叉戟”潜射弹道导弹的核弹头，其中 40%用于弹头的研究与生产，60%用于运行与维护。4 艘“前卫”级核潜艇计划 21 世纪 20 年代末退役，“三叉戟”-Ⅱ（D5）延寿后将服役到 2042 年。

6.2　核力量现状及其现代化

6.2.1　核力量发展现状

英国核力量由核弹头、潜射弹道导弹和弹道导弹核潜艇组成。

☆6.2 节和 6.3 节由王海珍、李玉荣撰稿，吕襄波审阅。

1. 核弹头

英国“三叉戟”潜射弹道导弹的核弹头含有美国和英国制造的部件。弹头中的高能炸药是英国产，美国向英国提供了 W76 弹头三种关键部件。英国分别在 1978 年和 1979 年进行了核试验，以研发一种大威力小型弹头的设计[2]。此后，美国 1980 年 8 月向英国提供了 W76 弹头设计资料。该弹头最终的设计很可能综合了英国和美国的特点，威力可能与 W76 相似，约 100 kt TNT 当量。这种弹头的低威力改型已投产，但数量不明，可能仅占库存的小部分。

2. 潜射弹道导弹

英国唯一的核武器运载系统是美制“三叉戟”-Ⅱ（D5）导弹。1982 年英国政府决定采购美国洛克希德·马丁导弹与空间公司制造的“三叉戟”导弹时，订购了 65 枚。经过这些年的试射，现余约 50 枚导弹[3]。该型导弹为三级固体推进超声速导弹，射程可达 12 000 km，圆概率误差为 90 m。采用星光惯性制导等新技术和新设计，使命中精度增高。每枚导弹可携带 12 个再入式分导弹头，每个弹头威力为 100~120 kt TNT 当量。

3. 弹道导弹核潜艇

英国拥有 4 艘“前卫”级弹道导弹核潜艇，每艘弹道导弹核潜艇可搭载 16 枚“三叉戟”-Ⅱ（D5）导弹，每枚导弹最多可携带 12 枚弹头。但是，目前在海上巡逻的弹道导弹核潜艇实际仅搭载不超过 8 枚导弹以及 40 枚核弹头。“前卫”级核潜艇自持力强，水下自给力达 90 天；隐蔽性和安全性好，艇体外层铺设了大面积的去耦材料消音瓦；攻击威力大，自动化程度高。

4 艘潜艇均在 20 世纪 90 年代服役，因此，2002 年以来相继进入长期检查（换料）周期，旨在更换堆芯，进行现代化升级，提高作战能力。3 艘潜艇分别于 2005 年、2008 年和 2012 年完成换料和改装，第 4 艘艇“复仇”号 2012 年开始进入长期检查（换料）周期，历时

图 6-4 英国“三叉戟”潜射弹道导弹试射

42 个月，主要内容包括安装最新的设备和反应堆堆芯，进行战术和战略武器系统升级，船体维护，以及升级主要部件、系统和设备等。其中，新换装的堆芯为长寿命的，使其在以后的服役期内不需要再更换燃料。与此同时，为确保在下一代弹道导弹核潜艇服役前保持英国的海基核威慑能力，英国海军还计划对“前卫”级艇进行延寿改装。

6.2.2 核力量现代化计划

2006 年 12 月，美国总统小布什写信给布莱尔首相，同意支持英国核武器现代化计划。英国核力量现代化内容如下。

1. 核弹头现代化计划

英国核弹头现代化计划包括两方面内容：弹头翻新和弹头新设计。2006 年，英国开始执行现役“三叉戟”弹头的重大改进计划，称为“MK4A 翻新计划”。这项工作在“核弹头能力维持计划”下开展，目标是提供和维持“保障英国目前和未来库存的能力”和翻新 MK4A 核弹头。

2010 年，国防大臣利亚姆·福克斯说：“2019 年前我们不考虑新弹头。”2013 年，原子武器研究院指出“MK4A 评估”和“MK4A 运行”是未来的关键工作。一份核监管办公室编写的 2014 年报告指出，现有的弹头使用寿命改进项目第一期工程是在巴勒菲尔德组装设施上改装弹头监视系统。英国弹头改进项目与美国 W76-1 升级项目相似，美国洛克希德·马丁公司的一位资深主任工程师负责 MK4A 弹头研发和生产的规划、协调和执行。美英计划中的共有部件是一个新的 MK4A 解保、引信和点火（AF&F）系统，这个系统在美国制造。英国奥尔德马斯顿与美国实验室密切合作研究铀腐蚀问题，这是次级系统升级的关键。为了将英国弹头的寿命延长到 21 世纪 40 年代，弹头的次级和辐射层有可能需要翻新。

改进后的弹头仅在新型潜艇服役初期使用。2007 年 6 月 29 日，负责国防采办的高级官员大卫·古尔德在一次会上说：“我们的计划是替换掉整个‘前卫’级潜艇武器系统，包括弹头和导弹。”有迹象表明，原子武器研究院正在研发一种接替弹头的备选设计方案。国防部成立了一个弹头前期概念工作组。原子武器研究院负责设计和协调，其中系统工程和弹头集成是方案的两大关键能力。原子武器研究院正在开展的设计工作包括：解保、引信和点火系统、气体传输系统和中子发生器。

2. 潜射弹道导弹系统计划

美国“战略系统计划”（SSP）旨在延长“三叉戟”-II（D5）武器系统的寿命。美国正在升级改造所有的“三叉戟”武器分系统：发射装置、导航、火力控制、制导、导弹和弹头。所有这些现代化措施适用于部署在英国潜艇上的系统。2014 年 11 月，英国与美国签署关于“三叉戟”-II 系统延寿计划的工作合同。延寿后的“三叉戟”-II（D5）导弹，计划 2020 年左右服役英国皇家海军。延寿后的“三叉戟”-II（D5）预期可服役到 21 世纪 40 年代早期，而英国下一代战略核潜艇将服役至 21 世纪 60 年代，因此英国还将为其研发新的潜射弹道导弹。

3. 新型弹道导弹潜艇计划

2007 年，英国批准了新型弹道导弹核潜艇的启动工作。新艇排水量大约为 17 000 t，艇壳直径为 13.1 m，将装备通用导弹舱，采用新型 PWR3 反应堆，并计划在通信系统、战术武器系统、电池和建造材料等方面采用新的技术。其中美英联合研制的通用导弹舱最大特点是灵活通用，除可发射“三叉戟”导弹或新一代潜射弹道导弹外，还能发射常规中程弹道导弹、反导拦截弹、巡航导弹和无人机等。

新型反应堆 PWR3 已于 2014 年定型，其技术来源于美国。第一座 PWR3 反应堆预计将由劳斯莱斯公司在 2023 年完成建造。该反应堆设计有一个非能动安全系统，这是国防部有史以来对反应堆设计作出的最重要改变。美国海军与英国皇家海军合作开展一个联合研究计划，以降低英国接替潜艇和美国“哥伦比亚”级新型潜艇的电磁特征信号。这项工作，加上降低 PWR3 反应堆噪声特征信号，表明新潜艇将比现役潜艇隐身性更强，这将提升潜艇的生存能力和隐蔽突袭能力。

表 6-1　英国核力量现代化进度

现代化项目	时间进度
核弹头升级到 MK4A	2020—2025
新弹头决定	2019
新弹头服役	2036
“三叉戟”-II（D5）延寿导弹开始在英国皇家海军服役	2020
新导弹服役	2040
第一艘新型潜艇服役	2030—2040
新型潜艇寿命终结	2067
核弹头能力维持计划完成	2025
堆芯生产设施竣工	2022
法斯兰升船机、库尔伯特炸药装卸码头和德文波特干船坞延寿期限	2040

2016 年 2 月，英国国防部宣布投资 2.01 亿英镑以进一步完善下一代战略核潜艇的设计；4 月，英国国防部透露计划为新潜艇投资 6.42 亿英镑；7 月，下议院投票通过采购 4 艘新潜艇的议案，总造价约为 310 亿英镑；8 月，英国国防部再次投资 13.2 亿英镑用于建造首艘新型核潜艇，首艇将于 21 世纪 30 年代初服役，它将是英国海军最先进、最安静的潜艇，计划服役到 2067 年。10 月，英国女王批准将首艇命名为“无畏”号。此外，英国继续推进美英合作研制的通用导弹仓项目，2016 年为该项目提供 2 亿英镑。

6.2.3　核力量战备部署

在使用上，通常 4 艘战略核潜艇中始终保持有 1 艘在海上进行威慑性巡逻，英国称之为“持续的海上威慑性巡逻”，英国认为这样可以避免该型艇在危机期间巡逻时遭受误解或使危机升级，同时能够确保战时保存有生核力量进行核反击。另有两艘艇保持随时可出海巡逻的状态，而第 4 艘艇则处于检修和保养状态。值得一提的是，冷战后英国降低了值勤战略核潜艇部队的战备状态，将接到命令后发射导弹的时间由几分钟延长至几天[4]。为提高潜艇的在航率，英国战略核潜艇配备有 AB 两个出海值勤艇员组，轮流出海值勤，确保艇员的精力和工作效率。

6.2.4　核潜艇基地

英国海基核力量的基地设在苏格兰克莱德海军基地。该基地位于苏格兰克莱德河河口，是苏格兰最大的军事基地，由法斯兰潜艇基地和库尔波特弹药库组成，见图 6-5。

图 6-5　英国核潜艇基地

法斯兰基地是英美两国专家 20 世纪 60 年代初从 10 处场址中选择出的英国海军弹道导弹核潜艇的母港。这里位于弹道导弹核潜艇的巡逻区附近，可以直接进入爱尔兰海，水深大，避风条件良好，基地内相关设施齐全，有潜艇驻泊的各种后勤保障设施，能完成中等级别的核潜艇维修。法斯兰基地作为弹道导弹核潜艇的作战前沿基地和后勤保障中心发挥着重要的作用。目前，除弹道导弹核潜艇外，还驻有新服役的“机敏”级攻击型核潜艇。根据英国海军的基地调整计划，

2020年起这里将成为英国海军的专用核潜艇基地，包括4艘“前卫”级弹道导弹核潜艇和7艘“机敏”级攻击型核潜艇在内的英国海军全部潜艇将驻泊该基地。为此，2015年8月英国财政大臣宣布，拨款约5亿英镑用于基地未来十年的基础设施建设，包括建设新的海堤与码头等。

库尔波特武器库主要用于存储、处理、保养和装卸“三叉戟”导弹系统的关键组件等。库尔波特位于长湾东岸，这里的主要设施，除建于山岭上存储核弹头的弹药库外，还有部署在附近水域的浮动干船坞。导弹投送系统则通常贮存于美国佐治亚州金斯湾的战略武器存储设施，英国的“三叉戟”导弹会根据有效期通过导弹运输船运往金斯湾进行更换。

6.3 核力量建设思路及特点

英国核武器发展早期拒绝美国“核保护”，坚持自己发展核武器。英国独立自主地先后研发了原子弹、氢弹、中子弹等。尽管英国与美国和法国开展了核合作，但英国从未放弃核技术研发、独立决策核政策的权力，并且不断追求高水平核武器技术。英国获取核武器采取了四种方式：一是自己设计制造核弹，例如，“蓝色多瑙河”“红胡子”“黄太阳”MK1核炸弹等都是自主设计的。二是仿美国的设计方案，自己制造核弹，例如，“黄太阳”MK2核炸弹和“蓝剑”导弹核弹头（仿美国B28）、WE 177C核炸弹（仿美国B57）。三是自己设计和制造核弹头，但使用美国制造的运载工具（例如，“北极星”A3TK导弹、“三叉戟”-Ⅱ导弹），英国1992年9月制造出第一批“三叉戟”核弹头，核弹头在尺寸、外形和威力方面类似于现在美国“三叉戟”-I和“三叉戟”-II导弹上的W76核弹头。该核弹头生产一直持续到1999年。四是美国设计和制造的核弹头，由英国运载工具携带。如

MK7、B28、B43、B57 核炸弹，MK34 深水炸弹，W7“下士”导弹核弹头，W31“诚实约翰”导弹核弹头，W70“长矛”导弹核弹头，8 in（203.2 mm）W33 和 155 mm W48 核炸弹，B54/W45 核地雷等。

英国核力量建设依赖美国，但核力量使用始终保持独立性。英美之间在核力量建设上的合作历史久远，1958 年签订的《共同防御协议》以及 1963 年签订的美向英出售“北极星”导弹的协议等更是为美英两国核防务合作奠定了基础，英国的两代弹道导弹核潜艇也都装备从美国采购的弹道导弹等装备。目前，双方还在为下一代弹道导弹研制通用导弹舱。这种合作客观上造成英国核力量建设对美国有一定程度的依赖性。英国人始终坚持核武器使用的独立性，承诺不对非核武国家使用或威胁使用核武器，并由首相授权发射核武器。同时，英国认为，英国的安全与稳定离不开与地区伙伴的紧密合作，一直致力于加深与美国等盟国的安全、情报与防务合作，特别是在包括核政策在内的核事务上注重与美国保持密切合作。

英国未来保持 4 艘核潜艇规模，潜射核导弹仍将依赖美国进口。2013 年 7 月，在英财政部首席秘书的领导下，英国完成了关于核防御方案的评审，评审结果显示英国需要保持 4 艘弹道导弹核潜艇才能保证国家安全，且不能保证英国战略核威慑力量能够对“所有情况作出快速反应”。从目前的发展计划来看，新一代弹道导弹核潜艇仍将装备美制导弹。这种方式使英国海基核力量达到和保持较高水平的同时，经济可承受性好，但缺陷是缺乏自身完整的研制体系，独立性较差，容易受制于人。

参考文献

[1] Norris R S, Kristensen H M. The British Nuclear Stockpile, 1953—2013[J]. Bulletin of the Atomic Scientists,2013, 69(4):69-75.

[2] 约翰・安思利. 英国核试验 1974—1991，2011. http://http://banthe-bomb.org/ne/images/stories/pdfs/uktests. pdf.

[3] HM Government. The Future of the United Kingdom's Nuclear Deterrent, December, 2006.

[4] British Nuclear Forces, 2005[J]. Bulletin of the Atomic Scientists, 2005, 61(6): 77-79.

第七章　核军备控制

核军备控制是指国际上对核武器的研制、试验、部署、使用，核材料和核技术的转让、扩散等加以限制或禁止的活动。其目的是减少核战争危险，维护国际安全与稳定，最终目标是全面禁止和彻底销毁核武器。核军备控制的内容主要包括限制和裁减核武器、限制和禁止核试验、防止核武器及其技术扩散、禁止生产和控制核武器用易裂变材料、限制和禁止使用核武器等。近年来，国际核恐怖主义问题出现，核安保问题也开始引起人们的广泛关注，也成为核军控研究的重点内容之一。英国作为五核国之一，通过采取双边、多边或单边的措施，积极参加国际核军控进程[1]。

7.1　核军备控制基本政策

英国核军备控制的一系列行动准则是其外交和防务政策的重要组成部分。英国核军控的目标是设法保持核大国地位，确保拥有最低限度的有效核威慑力量。英国的军控与裁军政策是基于其综合国力和国家安全需要制定的，在维护本国安全和其他利益方面发挥了重要作用。

第二次世界大战末，核武器登上历史舞台。冷战态势促使英国加速发展核军备。从20世纪40年代后期到60年代初，英国采取表面支持国际核军控运动，暗中加快发展核力量的军控政策。1947年，英国

☆本章由马春燕、伍钧撰稿，胡思得审阅。

工党政府正式决定建立独立的核威慑力量。英国认为，核武器具有不可替代的威慑作用，是国力的象征，核战略与英国不依赖大规模地面作战的传统军事战略是一致的，英国作为大国必须拥有核武器，可接受其他国家的帮助，但只能依靠自己的力量研制核武器。1954 年，由于美国核试验造成严重海洋污染，公众对停止核试验的呼声越来越强，迫使英国政府宣布支持国际核军控运动，但同时采取外交手段，尽量减慢禁止核试验进程，加速核武器计划。从 1958 年起，美国出于战略上的考虑帮助英国发展核武器，推动了英国的核武器技术取得重要进展。

20 世纪 60 年代到 90 年代，英国对美国依附性的核军控政策逐步形成。这一时期美国对英国核武器技术发展给予大力支持，为英国提供核武器试验场地和人员设备，与英国合作研制运载工具，为英国核武器系统更新换代提供相关技术。这一时期英国核军控政策的目标是设法保持核大国地位，确保拥有最低限度的有效核威慑力量。英国对美俄（苏）之间的核军控谈判基本持欢迎态度，但拒绝参加这一谈判，尤其不参加核裁军进程，反对在美苏（俄）双边的核军控和裁军谈判中涉及英国的核力量。为防止美苏（俄）签订的有关条约对英国发展核力量不利，英国一直利用与美国的“特殊关系”影响美国裁军政策，以保护自身利益[1]。

20 世纪 80 年代以来，英国一直按以下四条准则来确定自己对待核军控的立场。第一，评估每一种核军控建议带来的变化是否有助于美国履行它对北约承诺的义务，特别是实施延伸威慑战略的义务。第二，评估每一种核军控建议所付出的代价以及是否有利于保持英国最低核威慑力量。第三，评估每一种核军控建议是否能加强英国对美国核军控政策的影响。第四，评估这种核军控建议是否能维护北约联盟的团结和防止苏（俄）利用这种建议增加北约联盟的紧张关系。

2010 年 10 月，英国出台新版《战略防务与安全评估》报告，全面宣示了英国现行核军控政策：(1) 创建一个无核武器世界是可能的，这是所有国家的责任。在其他核武器国家采取有效核裁军政策之前，英国将保留最低核威慑力量，不考虑核裁军问题；重点关注俄罗斯拥有的大量非战略核武器，将继续与俄就此进行磋商。(2) 英国已加入并批准了《不扩散核武器条约》和《全面禁止核试验条约》，认为这两项条约是防止核武器扩散的基本途径，是实现核裁军的基础，对全球和平与稳定具有重要作用。希望各国签署并批准上述条约，尤其是印度和巴基斯坦应无条件加入核不扩散体制，签署《全面禁止核试验条约》，承诺放弃核武器化或部署核武器和运载工具。英国将采取各种必要措施，推动上述条约的签批约进程。(3) 签署一项可核查的、有法律约束力的“禁止生产武器用易裂变材料条约”，是对《全面禁止核试验条约》的有效补充，是走向全面销毁核武器的实质性步骤，英国已为此做好进行谈判的准备。(4) 支持国际原子能机构制定的加强保障监督的所有措施。(5) 核查是检验军控、裁军与不扩散制度有效性的重要手段。英国正在不断提高核材料核查和销毁核武器核查技术，以便在“禁止生产武器用易裂变材料条约”谈判和未来涉及英国核武库的多边谈判中发挥重要作用。(6) 不对没有实质性违反《不扩散核武器条约》的无核武器国家使用核武器，除非该国与其他核武器国家联合攻击英国或其盟国。一旦有签署《不扩散核武器条约》的无核武器国家受到核武器威胁或攻击，英国将立即在联合国寻求达成一项对受害国提供支持和援助的决议。

7.2　限制和削减核武器

遵照《不扩散核武器条约》，英国作为核武器国家之一承诺，及早就停止核军备竞赛和核裁军方面的有效措施以及一项在严格和有效国际监督下的全面彻底裁军条约真诚地进行谈判。

英国在核裁军方面，历来有两个鲜明的立场：一是坚决反对彻底销毁核武器，认为核武器过去是，今后仍然是欧洲和世界避免发生大战的必要条件；二是自身不参加美俄裁军谈判进程，认为作为中等核国家，英国的核武器数量与美国和俄罗斯（苏联）有巨大差距，在超级大国实现核武库的大幅度削减之前，不存在英国裁减核武器问题。同时反对两个超级大国谈判核裁军时计入英国的核武库。

英国希望美俄双边核裁军取得进展，也希望看到俄罗斯进一步削减其上千的非战略核武器。为了防止美俄签订的有关条约对英国不利，英国一直利用其与美国的“特殊关系”来影响美国的核军控政策。英国单方面削减核武器完全是从本国利益所考虑。

1992 年 6 月 15 日，英国宣布放弃海基非战略核武器，海军的舰艇、舰载飞机和空军的海上巡逻飞机将不再携带核炸弹和核深水炸弹。同年，英国开始削减空中战术核力量。1993 年 10 月 18 日，英国政府宣布取消发展机载近程空对地非战略核导弹计划。1998 年 3 月 30 日，宣布退役 WE 177 核炸弹。至此，英国空军结束了 45 年装备核武器的历史，1998 年 6 月英国所有的核航弹均被销毁，核威慑力量由单一的 4 艘核潜艇及其携带的潜射弹道核导弹组成。

1998 年英国《战略防务评估》报告提出，在前任政府最多保留 300 个核弹头的基础上再减少三分之一，使核弹头数目减到 200 个以内，4 艘“前卫”级核潜艇每艘将只携带 48 个核弹头（实际上有的潜艇还未达到这一数量）。《战略防务评估》报告要求“前卫”级核潜艇在继续保持不间断的海上执勤的同时，潜艇携带的 48 枚核导弹将不再瞄准战略目标；将潜艇部队在接到通知后发射核导弹的准备时间由数分钟延长到数日。

英国大使彼得·邓肯在提交给 2012 年《不扩散核武器条约》筹备委员会的文件中指出，英国不支持禁止核武器的条约。2017 年联合国大会通过《禁止核武器条约》时，英国没有参加。彼得·邓肯表示，近期对核武器人道主义影响的关注是由于裁军步伐受挫，他接着说，“我们也一样受到挫折。”然而，在阐述“三叉戟”替换装备的情况时，英国前政府指出《不扩散核武器条约》未制定核裁军时间表，也未明确禁止核能力的升级改造。

《禁止核武器条约》

(Nuclear Weapons Ban Treaty)

2017年7月7日，联合国大会以122票赞成、1票弃权、1票反对通过《禁止核武器条约》(简称《条约》)，《条约》于2017年9月20日起开放签署，并将在获得第50个国家批准书之日起90天后生效。联合国193个成员国中，其他69个国家均未参与投票，其中包括五个核武器国家、印、巴、以、朝和日韩等。

《禁止核武器条约》规定缔约国应承诺：

·不发展、生产、制造或以其他方式获得、拥有或储存核武器或其他核爆炸装置；

·不直接或间接向任何接受者转让核武器或其他核爆炸装置或对此种武器或爆炸装置的控制权；

·不直接或间接接受核武器或其他核爆炸装置的转让或对此种武器或爆炸装置的控制权；

·不使用或威胁使用核武器或其他核爆炸装置；

·不以任何方式协助、鼓励或诱导任何人从事本条约禁止缔约国从事的活动；

·不以任何方式寻求或接受任何人为从事本条约禁止缔约国从事的活动而提供的援助；

·不允许在其领土或其管辖或控制的任何地方安置、安装或部署核武器或其他核爆炸装置。

条约的核心内容是将核武器非法化。规定拥有核武器的国家应以不可逆转的方式彻底消除核武器。

2017 年联合国大会通过《禁止核武器条约》。英国与其他核国家一致反对，认为条约背离并损害《不扩散核武器条约》。

7.3　防止核武器及其技术扩散

防止核武器及其技术扩散主要是防止核武器向其他国家和地区扩散，防止新的核国家产生。《不扩散核武器条约》把世界分为核武器国家和无核武器国家，但无核国家的不扩散义务和核武器国家的核裁军义务存在不平衡，这是引起核武器国家和无核武器国家争论的焦点。《不扩散核武器条约》的三大支柱是不扩散、和平利用核能和核裁军，因此，该条约也是推动核裁军的依据。

1953 年 12 月，时任美国总统艾森豪威尔在联合国大会提出了“和平利用原子能”的建议，提议建立国际原子能机构，用于接收来自所有国家捐献的天然铀和裂变材料，从而推动了 1957 年国际原子能机构的成立。1957 年 8 月，美国、英国、法国和加拿大向联合国裁军委员会提出防止核扩散问题。

1968 年 7 月 1 日，《不扩散核武器条约》在莫斯科、伦敦和华盛顿开放签署，1970 年 3 月 5 日生效，有效期为 25 年。1995 年 5 月 11 日，《不扩散核武器条约》审议与延期大会决定条约无限期延长，以后每五年审议一次。2000 年、2005 年、2010 年、2015 年先后举行了《不扩散核武器条约》审议大会。目前共有 189 个国家加入条约，印度、巴基斯坦、以色列和古巴没有参加；朝鲜 1985 年加入条约，2003 年退出条约，是至今为止唯一退出条约的国家。英国加入并批准了《不扩散核武器条约》，并积极推动《不扩散核武器条约》无限期延长，认为该条约是促进和平利用核能和核军控谈判的有效框架。

英国支持建立无核武器区，认为增加无核武器区数量有助于国际安全与稳定，并承诺不对没有实质性违反《不扩散核武器条约》的无核武器国家使用核武器，除非该国与其他核武器国家联合攻击英国或其盟国。

7.4 部分或全面禁止核试验

英国与美、苏在1958年宣布暂停核试验，直到1961年才恢复核试验。1963年8月英国签署了《禁止在大气层、外层空间和水下进行核武器试验条约》（简称《部分禁止核试验条约》）。英国于1991年进行了最后一次核试验。美国在1992年10月宣布暂停核试验，由于英国核试验必须在美国的内华达试验场进行，因此英国也只好随着停止核试验，但是英国可以与美国分享美国模拟核试验技术和必要的试验数据。1998年4月6日，英国与法国一起向联合国递交了《全面禁止核试验条约》批准文书。英国支持促使《全面禁止核试验条约》生效的筹备工作。

《部分禁止核试验条约》

（Partial Nuclear Test Ban Treaty，PTBT）

美、苏、英三国于1963年8月5日签署《禁止在大气层、外层空间和水下进行核武器试验条约》，简称《部分禁止核试验条约》。条约的主要目的是防止无核国家和刚刚拥有核武器的国家通过大气层核试验研制和改进核武器。美、苏、英当时的主要矛头是对准中国、法国。该条约没有禁止地下核试验，从而为美、苏继续通过地下核试验完善其核武器留下了方便之门。

7.5 禁止武器用易裂变材料生产

禁产倡议从美国“巴鲁克计划”开始，已经有约70年历史。1956年，美国总统再次建议禁止为核武器生产易裂变材料。1978年第一届联合国特别大会通过最后文件确认，要在适当的时候就禁止武器用易裂变材料生产条约进行谈判。据此，加拿大等国每年向联合国大会提出禁产的决议草案[2]。

1995年在对美国立场文件的评论中，英国表达了下述立场：保证核门槛国家加入《禁止为核武器或其他核爆炸装置生产易裂变材料条约》(简称《禁产条约》)是条约生效的前提条件;核查费用应尽可能低,并且由全体缔约国分担;条约应相对简单,条约本身不必包括详细的核查条款,核查细节放到核保障协定中;条约应无限期有效,不包括现有库存。总之,1997年以前,英国由于担心核查入侵性问题,对禁产条约表示适度支持。1999年英国与美国、法国一道倡议建立永久性特委会,不管裁谈会是否拟定出工作计划,该特委会都可以召集会议,直至完成对它的授权为止。

《禁产条约》谈判

Negotiation of Fissile Material Cut Off Treaty

日内瓦裁谈会根据1993年12月第48届联合国大会第48/75L号决议而准备开展的谈判。该决议要求谈判一项非歧视性的、多边的、可国际有效核查的《禁止为核武器或其他核爆炸装置生产易裂变材料的条约》(简称《禁产条约》)。长期以来,由于裁谈会上不能形成协商一致的立场,致使《禁产条约》谈判一直未能启动,预测未来谈判及达成条约也将是一个漫长的过程。

2003年英国提出,如果禁产条约要实现其最终目标,所有关键角色都需要正式参与进来,包括无核武器国家,因为要涉及核保障和国际原子能机构问题。英国不支持禁产条约涉及现有库存,认为这会使本来简单的问题复杂化;但并不反对讨论现有库存问题,认

香农报告(Report of Gerald E.Shannon)

日内瓦裁军谈判会议特别协调员加拿大大使G.E.香农于1995年3月23日在全体会议上就谈判《禁产条约》最适当安排的磋商情况所作的报告。主要内容有:遵照1994年裁军谈判会议第一期会议的授权,就谈判《禁产条约》的最适当安排征求各成员国的意见,经与各成员国和各集团多次磋商,各方一致认为裁谈会是谈判《禁产条约》最适当的论坛,一致同意以联合国大会第48/75L号决议为基础,建立禁产特委会,负责谈判一项非歧视性的、多边的、可有效国际核查的禁产条约,但是这一职权不妨碍任何代表团提出过去易裂变材料的生产和现有易裂变材料库存的管理等问题供禁产特委会审议。该报告成为1995年后裁谈会磋商禁产特委会职权的起点和依据。

为还有比禁产条约更有效的方法处理现有库存问题。英国对在谈判开始前成立专家小组持保留意见。英国希望裁谈会在“香农报告”授权基础上立即开始工作，呼吁各国宣布暂停产。

2004 年英国声明，虽然英国一直认为有效核查是多边军控协议不可或缺的部分，根据“香农报告”授权，《禁产条约》也应该切实得到核查，但是从务实的角度讲，英国愿意对美国无核查提案采取开放的态度，希望能够就此早日达成一致意见，以便开始谈判工作。

英国未来所有乏燃料后处理和铀浓缩活动将接受国际保障监督，但保留撤出的权利，直到达成《禁产条约》。英国核潜艇反应堆用高浓铀不应接受保障监督。

参考文献

[1] 赵丕．国际军事安全[M]．中国军事百科全书．北京:中国大百科全书出版社,2008:680.

[2] 刘华秋．军备控制与裁军手册[M]．北京:国防工业出版,2000:221.

下卷　法国核力量

第八章　核战略的演变

法国虽然是北约成员国，在核力量与核战略方面与北约有着密切联系，但在核战略思想方面，却与美国大相径庭，与英国也有所不同。法国在 1960 年进行了第一次核试验。在很大程度上，是出于在国防和政治上对独立性的需要，法国作出了发展自身核武器的决定。法国长期以来批评美、苏战争制胜性核战略，宣称法国执行的是非进攻性核战略，是纯粹威慑态势，坚持“非用”（non-use）原则，即反对谋求“战场”（battle field）使用核武器，拒绝接受“战争对抗”（war-fighting）概念，认为法国的核武器是用于防止战争而不是赢得战争，其核力量用于慑止对法国根本利益的任何形式的侵略[1]。

尽管法国核战略学家经常宣称说，法国的核战略思想独树一帜，但事实上，法国的核战略在 20 世纪 70 年代末基本定型前，也曾出现过一些摇摆和模糊特质。要想了解法国核战略思想的渊源，有必要追溯到二战时期。法国核科学家在 20 世纪 30 年代初在核物理领域为世界作出了很大的贡献，他们也曾与加拿大等国科学家一道，参与了一些与核能军事利用相关的研究。但是，1943 年，美英两国签订了《魁北克协定》，将法国等其他国家的核科学家排除在“曼哈顿工程”之外，这被法国人视为是一种核孤立主义。在 1944 年，法国核科学家设法见到了法国流亡政府领袖戴高乐将军，希望开展核能开发。就在广岛、长崎上空爆炸原子弹后不久，在戴高乐支持下，法国原子能委员会成立。尽管该委员会主要是民用性质，但显然在戴高乐心中，是

☆本章由孙向丽撰稿，胡思得审阅。

怀有将来发展军用核能想法的[2]。

在原子能委员会的推动下，法国的核能开发工作不断取得进展，但一直没有明确公开地进行军事利用。20 世纪 50 年代，法国像其他北约盟国一样主要依靠美国的核保护伞作为国防最后屏障。1954 年法国在奠边府战役中大败，1956 年“苏伊士运河危机”令法国颜面大失。经过这些事件，越来越多的法国人意识到核武器对于国防和国家政治地位的重要性。1957 年苏联卫星上天，更令法国人怀疑起美国延伸威慑的可信性。在这样的国际背景下，怀有强烈的民族自决情结和独立意识的戴高乐，在 1958 年重新回到国家领导人位置后，决心发展法国的独立核力量。对他而言：没有核武器，就没有独立性，就无法掌控国家命运；核武器不仅帮助法国确立大国地位，同时也是挑战美国霸权的象征[3]。

苏伊士运河危机

1956年10月29日，以色列突然侵入埃及，并迅速向苏伊士运河地区挺进。10月31日，英法两国侵入埃及，夺取苏伊士运河。英法以三国的行动遭到国际社会的普遍谴责。在美苏等国强大的国际压力下，11月6日，英法两国被迫接受停火决议，以色列也在11月8日同意撤出西奈半岛。苏伊士运河危机导致了英法两国在全球范围实力的削弱，美国和苏联两个超级大国成为真正主宰中东乃至全世界的力量，埃及成为阿拉伯世界对抗以色列的主要力量，并成为泛阿拉伯民族主义的根据地。

戴高乐对核武器的特性有着比较清醒的认识，他曾说过一句被广泛转引的话：即使敌人有杀死我们十次的力量，我们只需要杀死敌人一次就够了，我们的威慑力量就是有效的。这说明他信奉最低威慑思想，认为不必具有打赢核战争的能力也可形成核威慑。他的这种思想为法国核战略的确立奠定了基础[4]。

20 世纪 60 年代，法国领导人和战略学家们开始用“以弱慑强”（deterrence of the strong by the weak）、“相称威慑”（proportional deterrence）等词语来描述自身的核战略类型。其含义即认为只要拥有一定的核武器，法国就可以慑止强大的敌国侵略，从而保护法国的生存；或者说，弱者能够给予侵略者至少与冲突涉及的利益（收益）相称的破坏，以这样的能力就可形成威慑。后来，法国战略学家们更倾向认为，要给予对手超过其收益的破坏才能慑止其侵略行为，因此，“相称威慑”的概念渐渐被“非相称威慑”取代。这种核战略的基本思想在 1972 年法国国防白皮书中已有阐述[5]。

20 世纪六七十年代，法国发展了数种战略和战术核武器。法国战术核武器的作用与角色引发了不少争议。法国核武器的作用与美国及北约的灵活反应战略中用于战场作战的战术核武器还是有很大的不同。在戴高乐看来，核威慑主要依靠战略核武器，战术核武器仅起到“警告性打击”的作用。在戴高乐政府之后，法国核战略有几年处于摇摆不定的状态。有人强调战术核武器在战争中的战场作战能力，有人强调其作用仅是政治性的。经过一段争论，主流的法国战略学家认为：因为法国国土狭小，也因为法国核武库相对核大国太弱，如果执行类似北约的以有限打击为特点的战争对抗型核战略反而会削弱法国的核威慑，因此，法国应该坚持以战略核武器为主的威慑性核战略；但为了避免在敌国侵犯时面临“要么大规模报复，要么什么都不做”的两难困境，使用一定的战术核武器显示核报复决心还是有必要的，这有助于加强战略核武器的威慑作用。但是为了将这种承担特殊作用的战术核武器与战争对抗型战略中的战场使用型战术核武器区别开来，法国开始使用“最后警告”的概念来描述这种战术核武器；1984 年法国又使用“预战略”（pre-strategic）核武器一词代替其战术核武器称呼。尽管这种武器用于打击军事目标，但是，官方明确宣称不追求打有限核战争等战争对抗能力。1988 年，法国总统密特朗曾说道：在某种意义上讲，所有的核武器都是战略性的[6]。这种对核武器性质的看法，也在法国官方文件中有明确体现。比如，1972 年的法国国防白皮书宣称：战术核武器任务是执行“警告式核打击”——一种在使用战略核武器前进行的有限的核打击形式，打击对象是军事目标，但其实质是战略打击前最后的警告[7]。

1994 年，法国政府再次发表国防白皮书，明确拒绝任何从“纯粹核威慑态势”向“战争制胜型”战略演化的可能，再次重申“有限打击”仅仅是用于“最后警告”[8]。20 世纪 90 年代后，法国官方基本不使用“预战略”或“最后警告性”核战略的概念了，不过仍宣称保留释放信号的选择性打击[9]。1991 年，法国将空基战术（预战略）核武器划归战略空军部队，1996 年后明确声称其核武器都是战略性的，任何核武器的使用都意味着战争性质的巨变，核武器不适合有限冲突[10]。

尽管法国自称其核战略是防御性的，坚持“非用”原则，但长期坚持首先使用核武器的政策，认为法国在面临侵略时将以首先使用核武器作为应对措施；“非用”强调的是不追求进行战场作战和制胜能力，不将核武器视为战场工具，但这不等于不首先使用[11]。法国认为保持首先使用核武器的政策是威慑敌国侵犯的重要保证，需要明确宣示以加强威慑效果。冷战末期，北约曾试图对冷战时期的“灵活反应”战略进行调整，提出将核武器作为“最后手段”的说法。1990 年 7 月，在北约的峰会上，法国总统密特朗对北约核战略表达了不同看法，拒绝接受“最后手段”的提法。在法国人看来，宣布在最后关头才使用核武器削弱了核威慑作用，那意味着法国将不得不承受巨大的常规损失以后才诉诸核武器，这是法国不能接受的；法国认为较早地威胁使用核武器有可能会防止战争发生。对法国而言，宣布首先使用核武器政策在慑止常规侵略时会获得威慑效益，它宣示了政府在常规战争中某个时刻可能就会使用核武器，以此增强威慑力度。

在冷战时期，法国视苏联为主要威胁，其核威慑用以保护国家的核心利益。但在核心利益定义方面，法国保持了一定的模糊性。法国核战略打击政策以“反城市”（anti-cities）为主。20 世纪 80 年代打击目标变为“扩展的反城市”战略，即以敌国的工业、经济、行政中心为打击目标，核打击选择具有更大的区别性和灵活性。冷战后，法国核战略有所调整，其威慑对象除了未来可能的大国侵犯，还包括拥有大规模杀伤性武器的地区强国对法国核心利益的侵犯；关于打击目标政策，放弃“反城市”概念，改用较为模糊的给予敌国“不可承受打击”的说法。这种核战略调整在1994年国防白皮书中有明确表述。显然，对今日法国而言，“以弱慑强”式威慑的说法不太准确了，因为目前法国要比威慑对象中的“地区强国”可能还要强些。另外，“相称威慑”一词在法国也不再被使用了，目前，法国以“严格足够”（strict sufficiency）一词描述其核战略特点。无论使用什么概念，法国核威慑力量的具体技术指标是确保可生存的第二次打击能力。尽管法国从不应用美国的“确保摧毁”等概念，但从其发展部署的核力量规模看，法国基本以确保摧毁的标准为核力量规模要求指标。在20世纪80年代初，法国自称已经形成威慑力量，据专家估算，此时法国核力量具备了摧毁苏联20%人口和50%工业的能力，与美国“确保摧毁”的一个公开指标，即所谓的“麦克纳马拉标准”基本相符[12]。

法国虽然一直是北约成员，但因不满美国在北约内部防务等问题上的主导，曾一度与北约关系紧张。1966年法国退出北约的一体化军事机构，并要求撤除所有美国和北约在法国领土上的军事力量[13]。法国从未同意北约的灵活反应战略，也从未参加北约的“核计划小组”。可以说，法国在核武器发展、运行及使用等方面保持了较大的独立性，不过法国也声称，自身核力量及其独立决策权也为北约整体核威慑作出了贡献。北约在1974年渥太华峰会上声称：北约整体核力量包含有美国、英国、法国的核力量，尽管三者在核政策、核态势方面有些差异，但这种不同，以及三个不同决策中心同时存在的现实，却对北约整体核力量的威慑都有贡献，因为它们增加了潜在对手心中的不确定性，从而加强了核威慑力[14]。

法国在核武器技术发展方面虽然有较大的独立性，但也为此消耗了巨大的人力物力，花费了更多时间。不像英国那样，因为与美国保持紧密联系，在核武器发展方面获得了不少美国的技术援助。戴高乐去世后，法国政府逐步开始寻求与美国的合作。而尼克松政府意识到法国已经拥有了核武器，因此觉得有必要一改20世纪60年代以来对法国发展独立核力量所持的反对意见，寻求改善与法国关系。自1972年始，美法两国在核技术方面开始了一些秘密合作，1985年双方签署了新的合作协议，其中包括核武器弹头安全设计等技术[15]。冷战结束后，法国与北约盟国的关系进一步加强，法国于2009年重返北约军事一体化机构。法国在核问题上也向欧洲盟国表现出更开放的姿态，提出法国核威慑“欧洲化”建议，即所谓的“协调威慑”(concerted deterrence)[16]。但法国从未公开声称为其他国家提供核保护伞，只是表示过，鉴于法国国土的地缘特点，欧洲各国被侵犯时，也将直接影响法国的命运，因此法国的核心利益也不得不包括邻国领土[17]。其实，法国之所以不像美国及英国那样愿与盟国分享核威慑，主要源于法国核战略文化中的一个根深蒂固的理念，即认为在国防问题上，核风险是不可分享的。

2008年6月，法国国防部发布的白皮书称，核威慑仍然是国家安全战略中的一个实质性基础，“是法国安全与独立的最后保障”；核威慑的唯一目的是防止任何国家发起的针对法国核心利益的侵略；法国将仍保持“严格足够”的政策，将核威慑的有效性建立在能为总统提供独立的、足够广泛的、灵活反应的能力基础之上；核力量将继续进行现代化更新。

2013年，法国发布了《国防与国家安全白皮书》，指出核威慑是保障法国安全和独立的最后保证；法国的核威慑能力严格用于防御，只有在法国自卫的极端情况下使用核武器。

从历史情况看，法国在核战略方面有两个特别明显的特点，一是坚持“非战”原则，即反对以打击军事目标为主的核战争制胜思想，主要依靠核报复打击能力获取威慑；二是坚持首先使用核武器的政策，并最大限度保持在核使用方面的不确定性。法国核战略术语“最后警告”可谓是法国独创的一个非常有用的概念，它巧妙地避开了核威慑理论中的一个难题，即“要么大规模报复，要么什么都不做”的两难困境[18]。不过，法国核武库中曾存在的相当数量的战术核武器也让法国的核威慑战略显得不是那么纯粹，用“警告性打击武器”加以命名后，对这些武器性质的质疑得到了一定的化解。总之，尽管历史上法国在核战略思想上也出现过一些摇摆，但从其核战略主要原则看，法国核战略基本上属于最低核威慑类型。

参考文献

[1] David S Yost. France′s Nuclear Deterrence Strategy：Concepts and Operational Implementation [M]. in Henry D Sokolski, ed. Getting Mad：Nuclear Mutual Assured Destruction, its Origins and Practice. Strategic Studies Institute,2004：198.

[2] Bruno Tertrais. Destruction Assuréé：The Origins And Development of French Nuclear Strategy,1945—1981[M]. in Henry D Sokolski, ed. Getting Mad：Nuclear Mutual Assured Destruction, its Origins and Practice. Strategic Studies Institute, 2004：51-53.

[3] Bruno Tertrais. Destruction Assuréé：The Origins And Development of French Nuclear Strategy,1945—1981[M]. in Henry D Sokolski, ed. Getting Mad：Nuclear Mutual Assured Destruction, its Origins and Practice. Strategic Studies Institute, 2004：56-59.

[4] 戴高乐．希望回忆录(第一卷：复兴（1958—1962）)[M].《希望回忆录》翻译组,译．上海：上海人民出版社,1973：225.

[5] Bruno Tertrais. Destruction Assuréé：The Origins And Development of French Nu-

clear Strategy, 1945—1981[M]. in Henry D Sokolski, ed. Getting Mad: Nuclear Mutual Assured Destruction, its Origins and Practice. Strategic Studies lnstitute, 2004:64-65,1-82.

[6] 孙向丽．核时代的战略选择——中国核战略问题研究[R]．中国工程物理研究院战略研究中心,2013:121.

[7] Robert S Norris, Andrew S Burrows, Richard W Fieldhouse, eds. Nuclear Weapons Databook: Volume V-British, French, and Chinese Nuclear Weapons[M]. Boulder: Westview Press, 1994: 260-261.

[8] Gamille Grand. A French Exception? [M]. The Henry L Stimson Center, 1998: 13-15.

[9] David S Yost. France's Nuclear Deterrence Strategy: Concepts and Operational Implementation [M]. in Henry D Sokolski, ed. Getting Mad: Nuclear Mutual Assured Destruction, its Origins and Practice. Strategic Studies lnstitute, 2004:206,208.

[10] Bruno Tertrais. Nuclear Policy: France Stands Alone[J]. Bulletin of the atomic scientists, 2004, 60(4):48-55.

[11] David S Yost. France's Nuclear Deterrence Strategy: Concepts and Operational Implementation [M]. in Henry D Sokolski, ed. Getting Mad: Nuclear Mutual Assured Destruction, its Origins and Practice. Strategic Studies lnstitute, 2004:223.

[12] Bruno Tertrais. Destruction Assuréé: The Origins And Development of French Nuclear Strategy, 1945—1981[M]. in Henry D Sokolski, ed. Getting Mad: Nuclear Mutual Assured Destruction, its Origins and Practice. Strategic Studies Institute. 2004:87-88,99-100.

[13] Robert S Norris, Andrew S Burrows, Richard W Fieldhouse, eds. Nuclear Weapons Databook: Volume V-British, French, and Chinese Nuclear Weapons[M]. Boulder: Westview Press, 1994: 188-189.

[14] Camile Frand. Nuclear Deterrence and the Alliance in the 21st Century, NATO Review.

[15] Robert S Norris, Andrew S Burrows, Richard W Fieldhouse, eds. Nuclear Weapons Databook: Volume V-British, French, and Chinese Nuclear Weapons[M].

Boulder: Westview Press, 1994, 189-193.

[16] Gamille Grand. A French Exception? [M]. The Henry L. Stimson Center, 1998: 18-21.

[17] Bruno Tertrais. Destruction Assurée: The Origins And Development of French Nuclear Strategy, 1945—1981[M]. in Henry D Sokolski, ed. Getting Mad: Nuclear Mutual Assured Destruction, its Origins and Practice. Strategic Studies Institute, 2004: 76.

[18] Bruno Tertrais. Nuclear Policy: France Stands Alone[J]. Bulletin of the Atomic Scientists, 2004, 60(4): 48-55.

第九章　核武器研究机构及管理体制

法国国防部委托原子能委员会（CEA）开展原子能科学、工业和国防领域的科技研究，其下属的军事应用局（DAM）负责核弹头的研制、设计、制造、维护和拆除。国防部监管军事应用局执行核武器研发计划。

9.1　核武器研制与管理机构

9.1.1　早期核武器研制与管理机构

1945 年 10 月 18 日，法国成立了原子能委员会，其任务是“推进原子能在科学、工业和国防领域的科技研究”。最初原子能委员会的主要工作是研发核能。1954 年，法国总理决策，由原子能委员会启动原子能军事研究。1958 年 10 月，专门成立了军事应用局，负责原子弹的秘密研究设计工作，并在巴黎建立了第一个办公地点。研究实验室则选择在巴黎市郊的勒梅尔和夏蒂莱城堡，分别建造了勒梅尔研究中心和夏蒂莱研究中心，前者后来扩大为勒梅尔-瓦伦顿中心，号称法国的“洛斯阿拉莫斯国家实验室”，于 1999 年关闭；后者发展成现在的法兰西岛研究中心（DIF）[1]。

1969 年，原子能委员会主席安德烈·罗吉对原子能委员会进行了

☆本章由李育强撰稿，康力新审阅。

改组，扩大了业务范围。原子能委员会以分承包商的身份参加商业研发，但核能军事应用方面未作变动。1990 年，原子能委员会又进行了一次彻底的改组，建立了原子能委员会与研发合作部门更有效的沟通渠道。改组后成立 5 个业务局，即：核能局、生命科学局、基础研究局、先进技术局和军事应用局。其中核燃料循环和核反应堆业务独立出来，由新成立的核能局管理；原来的基础研究所（IRF）分离成生命科学局和基础研究局；非核技术研究业务划归先进技术局。此次改组还确定了“谁指示做研究工作，谁付费”的原则，其民用研究计划用外部收入来提供研究经费。

9.1.2　当前核武器研制与管理机构

原子能委员会在成立之初并不完全隶属于政府，只是行政管理负责人代表政府管理原子能委员会。2004 年 6 月法国颁布法令，明确原子能委员会是国家所有的、可开展工业和商业活动的公共管理机构。2010 年 3 月 10 日，鉴于原子能委员会在开发新能源领域的领军地位，法国总统萨科奇颁布新法令，将原子能委员会更名为“原子能替代能源委员会”，简称仍为原子能委员会[2]。

目前，原子能委员会下属的军事应用局的主要工作是确保法国未来核威慑的有效性。此外，军事应用局还担负为法国提供核动力系统、清理和拆除相关国防核设施，向法国政府就核不扩散与反恐、全球安全提供技术支持，以及常规武器研究等任务。其中，海军核动力研究的开发和测试工作在原子能委员会下属的卡达拉齐中心展开，但是该中心在行政上并不属于军事应用局[2]。目前，军事应用局由 5 个研究中心组成，见表 9-1。

表 9-1　原子能委员会军事应用局下属各研究中心及任务[3]

名称	地理位置	任务
法兰西岛研究中心（Bruyères-leChâtel）	法兰西岛大区	负责核弹头设计研究与计算机模拟，还监管法兰西岛中心试验场
塞斯塔研究中心（CESTA）	阿基坦大区	核弹头、再入体相关设备的设计；协调核弹头的研发；兆焦耳激光装置所在地，研究次级聚变过程
瓦尔杜克研究中心（CEA Valduc）	勃艮第地区	弹头生产和拆卸。2014 年开始增加流体动力学试验中心（AIRIX X 射线机搬迁到此）
勒里波研究中心（CEA Ripault）	中央大区	研究和生产非核部件，包括高能炸药。负责核武器弹头的库存维护及事故处理
格拉玛特研究中心（CEA Gramat）	Midi-Pyrénées 地区	研究核武器系统对核效应的易损性的国家研究中心

军事应用局总部位于法兰西岛研究中心[4]。下面简要介绍军事应用局的 5 个研究中心职能。

1. 法兰西岛研究中心

法兰西岛研究中心（Bruyères-leChâtel）成立于 1955 年，位于巴黎以南 35 km。在 1996 年后的军事应用局机构调整中，该中心合并接收了巴黎附近关闭的沃卢尔中心（le Centre de Vaujours）和勒梅尔中心（le centre de Limeil）的研究人员。2008 年，法兰西岛研究中心的工作人员为 2 000 人，约占军事应用局总数的 44%[5]。

法兰西岛研究中心的主要任务是核弹头的设计与保障，核爆模拟计划的技术支撑，以及支持防扩散、条约监视及环境监视、大型科技设施开发工程与支持等任务[6]。法兰西岛研究中心也是法国的高性能计算中心，支撑国防任务的 Tera 系列高性能计算机系统就位于法兰西岛研究中心，此外还设有数个民用高性能计算机系统，开展对外合作。

法兰西岛研究中心的试验场建于 1958 年，面积约 5 km^2，主要从事爆轰物理试验和爆轰试验场试验，包括研究核武器初级非核爆炸阶段，核武器行为初期模拟程序校验和化爆研究等。进行爆轰试验时使用包括铅和贫铀等替代材料进行核武器研究[7]。2001—2012 年，法国单轴闪光辐射照相 AIRIX 装置在多边形爆轰试验场运行，共进行了 58 次大型流体动力学试验。此后 AIRIX 装置转移到瓦尔杜克中心，作为 Epure 装置多轴闪光照相装置的第一轴使用。

图 9-1　法兰西岛研究中心“多边形”爆轰试验场

2. 塞斯塔研究中心

塞斯塔研究中心（CESTA）的全称是“阿基坦科学技术研究中心”。该中心成立于 1965 年，主要从事核武器设计工作，学科方向包括：核物理、光学、电磁学、机械、工程、信息、地球科学与环境科学等。该中心还拥有大型离心机，可能也从事总体工程研究。原子能委员会在塞斯塔中心建造的兆焦耳激光器（LMJ）是模拟计划的主要模拟装置之一，用于武器物理、超高温度和天体物理学、惯性聚变能和基础物理等研究。

3. 瓦尔杜克研究中心

瓦尔杜克研究中心（CEA Valduc）建于 1957 年，主要从事核材料技术研发、核材料管理以及核部件加工与拆卸。1996 年机构调整时，原子能委员会国防相关核活动及核材料工作调整到了瓦尔杜克研

图 9-2　兆焦耳激光器

究中心[8]。

除了制造武器外，它还处理武器制造过程中产生的废料，并进行核材料（比如 Pu）的高压研究。在这个中心有高压气炮装置，用于进行冲击压缩研究。

2010 年，法国与英国签署了一份国防合作协议，两国将在瓦尔杜克研究中心共建一个多轴闪光照相装置——Epure 装置。Epure 装置是一个三轴辐射照相装置，计划 2014 年建造第一轴，2019 年建造第二轴，2022 年完成第三轴[9]。2012 年，军事应用局把原来位于多边形爆轰试验场的 AIRIX 装置搬迁到瓦尔杜克研究中心，作为 Epure 装置的第一轴。2014 年，AIRIX 装置完成搬迁工作并恢复运行。

4. 勒里波研究中心

勒里波（Ripault）研究中心成立于 1962 年，主要从事炸药、火工品方面的工作。1996 年调整时，非核材料工作调整到了勒里波研究中心，进一步突出了勒里波研究中心的有机材料研究特色。该中心的研究领域包括：热喷镀、物理化学表征、微结构及性态、高温碳类材料及混合物、先进陶瓷及化合物。

5. 格拉玛特研究中心

格拉玛特研究中心（CEA Gramat）原是法国国防采购局的一个中心，2010 年 1 月 1 日移交给原子能委员会。2009 年，格拉玛特研究中心约有 250 名员工。格拉玛特研究中心的职责是向法国国防采购局提供关于武器效应和武器系统易损性的专业技术。这些活动分为两个领域：常规武器和定向能武器[4]。

9.2 原子能委员会

法国原子能委员会筹划法国民用和军用核事务。原子能委员会本身是一个独立的、国家所有的、可开展工业和商业活动的公共管理机构，不对政府任何一个部负责。

原子能委员会与军方共同成立的联合委员会派驻代表到原子能委员会检查与核武器计划执行的相关工作（主要是经济方面的工作）。原子能委员会的投资委员会需向原子能委员会报告，同时原子能委员会需接受政府部长们就可能影响原子能委员会任务或组织结构的任何立法和法规问题的咨询。

9.2.1 主席

原子能委员会主席是原子能委员会的行政首脑，对原子能委员会的整体运行负责。原子能委员会主席任命各个执行主任，参与法国政府对核威慑和军用核材料的管理。原子能委员会主席下设置一名副主席。2015 年，在原子能委员会主席和副主席下设置了一名首席执行主任，该首席执行主任下设 5 名分管不同研究领域的主任，分别负责安全和安保事务、可再生能源事务、国际合作事务、可持续发展事务、特别顾问事务。原子能委员会的主席、副主席、首席执行主任加上 5 名领域主任，构成了原子能委员会领导层。

9.2.2　原子能高级科学专员

原子能高级科学专员是原子能委员会主席的科学顾问，需接受原子能委员会主席或政府部长的咨询。原子能高级科学专员组成原子能委员会的科学委员会。科学委员会对原子能委员会的未来发展方向和科学活动提出建议，并对原子能委员会的科学活动以及与任务相关的投资提出建议。科学委员会要对原子能委员会的计划执行情况进行评估。科学委员会的建议和报告要递交给原子能委员会主席及相关政府部长。2015 年年底，原子能委员会进行结构改革后，原子能高级科学专员还领导一个“国家核科学技术研究所”。

9.2.3　主任理事会

主任理事会主席由原子能委员会主席担任。主任理事会的成员来源广泛，既有国家代表，也有职工代表，还有外部咨询代表和列席代表，总人数大约 40 多人。国家代表包括原子能委员会主席以及对原子能委员会有监管职能的 4 名政府部门代表；指定代表包括原子能委员会的高级科学专员，各个学术或咨询机构的代表；职工代表主要是原子能委员会各个研究中心的主任、一线科研人员、工程师等；永久性的列席代表包括原子能委员会的副主席，各个管理部门的主任。

主任理事会监管原子能委员会的日常工作，包括各项任务的运行、采办、预算、年度财务声明、建立下属机构、合同管理、国际合作等工作。原子能委员会每年的预算草案、账户设立/关闭、年度报告和管理报告、监督核设施拆卸和乏燃料与放射性废料处理的内部财务报告也要提交给理事会批准。主任理事会下设一个专门管理民用与国防退役核设施的“清理和拆卸资金委员会”。此外，主任理事会下还有一个“投资委员会”，任务是从经济角度检查原子能委员会的战略投资和年度规划，目的是确保民用计划的平稳运行[10-11]。

主任理事会还负责组织召开主任理事会会议，确保主任理事会的决策能够执行。所有能够影响原子能的重要事项需向主任理事会报告。

9.2.4 组织机构

2015 年年末，原子能委员会进行机构重组，业务部门从原来的 5 个减少为 4 个，将原来的“物理科学部”和“生命科学部”合并为“基础研究部”，萨克莱中心和方特耐欧罗斯研究中心也合并在基础研究部直接管理。原子能委员会的“管理部门”从原先的 4 个增加到了 10 个。新的 10 个管理部门是：战略合作部、战略分析部、中央安全部、通信部、财务管理部、法务部、核安全与防护部、国际关系部、人力资源与社会关系部、信息系统管理部。在这次调整中，军事应用局的管理组织机构没有变化，仍然由 5 个研究中心组成。

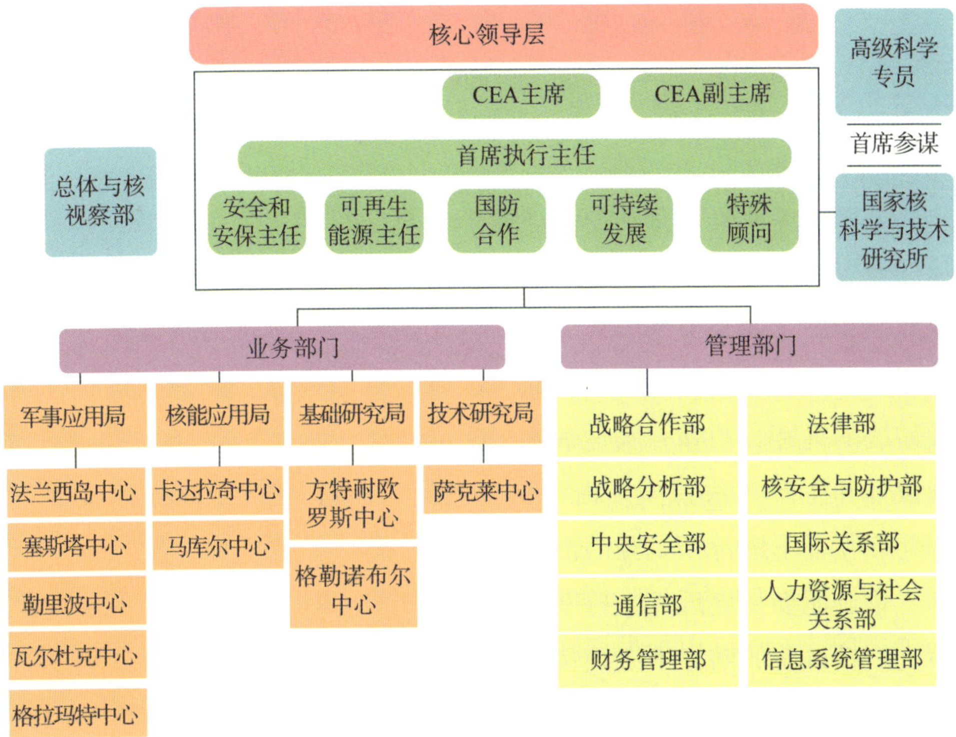

图 9-3 法国原子能委员会组织机构

图 9-4 原子能委员会在法国本土的机构分布图

9.3 核武器库存管理

法国原子能委员会从事核工业、研究、健康、安全和国防 4 个领域的研究，是国家的专门技术研究和高技术向工业转换的部门。法国政府赋予原子能委员会的任务之一就是为法国核威慑力量设计和生产核弹头，不仅设计弹头的壳体和核装置，而且还负责制造和维护，以及最终的拆卸。当核弹头达到寿命后，必须更换，原子能委员会就必须设计和生产替代弹头。由于法国签署了《全面禁止核试验条约》，因此必须在不进行核试验的情况下保证其质量。

原子能委员会近年来特别加强了模拟技术的开发，以确保法国在不进行核试验的前提下继续保持威慑的可靠性。法国的模拟计划要求在不进行真正核试验的情况下，保证核武器的可靠性和安全性，因此必须进行大量的数学模型研究，以了解武器爆炸中详细的物理和化学过程，原子能委员会因此建立了类似“佚儒”AIRIX装置的实验设施，以验证相应的模型和观察材料的高速畸变。此外，军事应用局下属的勒里波研究中心还负责法国核武器弹头的库存维护及事故处理。

参考文献

[1] Robert S Norris, Andrew S Burrows, Richard W Fieldhouse, eds. Nuclear Weapons Databook: Volume V-British, French, and Chinese Nuclear Weapons[M]. Boulder: Westview Press,1994:26-27.

[2] 2011年年报[R]. 法国原子能委员会,2011.

[3] Hans Kristensen. Assuring Destruction Forever: Nuclear Weapon Modernization Around the World[J],2012.

[4] 2013年年报[R]. 法国原子能委员会,2013.

[5] Les Centres de la DAM[OL]. www-dam. cea. fr/statique/sitesDAM/vdc_idf_accueil. htm.

[6] DAM Ile de France[OL]. http://www-dam. cea. fr/statique/vie_scientifique/docs/formation/accueil_etudiants_dif. pdf.

[7] le Polygone d'expérimentation de Moronvilliers[OL]. http://www-dam. cea. fr/statique/sitesDAM/vdc_idf_focus. htm.

[8] Commissariat à l'Energie Atomique-Centre de Valduc[OL]. http://www. dgemp. minefi. gouv. fr/observat/innov/materiau/sp_cm079. htm.

[9] UK France Nuclear Treaty[R],2010.

[10] 2012年年报[R]. 法国原子能委员会,2012.

[11] 2015年年报[R]. 法国原子能委员会,2015.

第十章　军用核材料存储量及生产能力

军用核材料主要是指武器级高浓铀、军用钚、氚、锂-6 等核材料，是构成有效核威慑力的核心材料。武器级高浓铀和军用钚的生产能力、储存数量和技术水平，是建设有效、可靠核力量的源头、基础和根本前提，直接关系和制约着核武器发展的规模和水平。目前，军用核材料的生产及其技术的发展已经影响到政治、经济、军事、外交等各个方面，战略地位显著。

10.1　高浓铀材料储量及生产能力

铀化学符号为 U，原子序数为 92。铀具有放射性，铀-238（天然丰度 99.27%）和铀-235（天然丰度 0.72%）两种同位素最为常见。铀-235 能够自发裂变，也可被慢中子撞击而裂变，如果其质量超过临界质量，就能够维持核链式反应，这一特性使它可用于制造核裂变武器和核能发电。铀-238 在快中子撞击下能够裂变，如吸收中子也能在反应堆中生成钚-239[1]。

根据国际原子能机构定义，铀-235 丰度达到或高于 20% 的铀称为高浓铀，高浓铀可以用作武器装料。“武器级高浓铀”通常指铀-235 丰度大于或等于 90% 的铀。联大 A/6858 报告（1967 年 10 月 6 日）曾指出：为用于核爆炸需将铀-235 丰度浓缩到 90%~95%。

☆本章由马荣芳撰稿，诸旭辉审阅。

10.1.1　高浓铀库存

高浓铀是核武器的核心装料，其生产能力和库存量代表了核武器装备的发展潜力。法国官方从未公布过军用核材料库存储量。

1996 年 2 月 23 日，法国总统希拉克宣布，法国拥有足够的易裂变材料库存，可以满足未来国防的需要，法国不再为核武器生产易裂变材料。6 月 30 日，法国关闭了皮埃尔拉特（Pierrelatte）气体扩散厂。之后，法国不再拥有为核武器或其他核爆炸装置生产易裂变材料的设施。法国前国防部长查尔斯·米利恩曾表示，“法国的军用核材料库存足够未来 50 年使用”，而且“在 50 年之后，法国将掌握再循环使用现有核武器中的易裂变材料的技术”。

据国际易裂变材料专家组（IPFM）2016 年 1 月估计，法国拥有武器级高浓铀（31±1）t。2017 年 10 月，法国根据“钚储存管理计划”协议向 IAEA 提交的报告称，法国共有民用高浓铀 4. 805 t，其中在燃料制造厂或后处理厂的未辐照高浓铀 1. 028 t，民用反应堆场址的未辐照高浓铀 0. 111 t，其他地方（如实验室或研究中心）2. 125 t；民用反应堆场址中辐照后的高浓铀为 0. 147 t，其他辐照后的高浓铀 1. 394 t，如表 10-1 所示。

国际易裂变材料专家组

（International Panel on Fissile Materials ,IPFM）

该专家组成立于2006年1月，是由核武器国家和无核武器国家的军备控制和防扩散专家组成的独立小组，其成员来自17个国家，即：巴西、加拿大、中国、法国、德国、印度、伊朗、日本、墨西哥、挪威、巴基斯坦、韩国、俄罗斯、南非、瑞典、英国和美国。普林斯顿大学的“科学与全球安全”项目为IPFM提供管理和经费支持。

IPFM的任务是通过可行的政策、举措，减少全球高浓缩铀和钚库存，并定期更新研究报告。该报告的统计数据在国际上具有一定的权威性，被国际组织、各国政府和非政府组织广泛认可。

表 10-1　法国民用高浓铀储量

<table>
<tr><th>国家</th><th colspan="2">未辐照高浓铀</th><th colspan="2">辐照后的高浓铀</th><th>总计</th></tr>
<tr><td rowspan="6">法国</td><td rowspan="6">3.264 t</td><td rowspan="2">燃料制造或后处理厂中 1.028 t</td><td rowspan="6">1.541 t</td><td rowspan="3">民用反应堆场址中 0.147 t</td><td rowspan="6">4.805 t</td></tr>
<tr></tr>
<tr><td rowspan="2">民用反应堆场址中 0.111 t</td></tr>
<tr><td rowspan="3">其他地方 1.394 t</td></tr>
<tr><td rowspan="2">其他地方 2.125 t</td></tr>
<tr></tr>
</table>

来源：法国 2017 年向 IAEA 提交的《2016 年民用钚库存报告》中数据。

10.1.2　铀浓缩技术

法国从 20 世纪 50 年代开始铀浓缩技术研究，先后研究和采用了气体扩散技术、气体离心技术和激光分离技术[2]。法国最早也用气体扩散技术和凯梅克斯（Chemex）工艺（一种化学工艺，不能用于生产高浓铀）等在皮埃尔拉特开展铀浓缩。由于气体扩散技术比较落后，2012 年以后法国不再使用气体扩散技术。以下主要介绍法国目前使用的气体离心技术和在研的激光分离技术。

1. 气体离心法

2000 年年初，法国阿海珐集团（Areva）认为有必要用气体离心分离技术来替代耗电量大的气体扩散技术。阿海珐集团与德国、荷兰、英国合资的 Urenco 公司达成协议，入股气体离心机制造企业——浓缩技术公司（ETC），阿海珐集团和 Urenco 公司各持有浓缩技术公司 50%的股份。采用 Urenco 离心技术的法国建造的乔治·贝斯（George Beth）-Ⅱ离心分离厂 2011 年投入运行，随着法国的特里卡斯坦（Tricastin）气体扩散工厂于 2012 年 6 月停止运营，阿海珐集团也基本完成了气体扩散向气体离心技术的过渡。2016 年乔治·贝斯-Ⅱ离心分离厂达到设计产能 7 500 t SWU/a。

2. 激光分离法

法国原子能委员会从 20 世纪 80 年代中期就开展了原子激光法铀

浓缩技术的研究，称为 SILVA（或 AVLIS）计划。该研究在 1993 年到 2002 年得到了 Cogema 公司（法国燃料总公司）的资金支持。2000 年到 2003 年的四年间，法国在皮埃尔拉特投入 1.46 亿欧元的资金开展可行性研究，并建造了孟菲斯（Menphis）论证设施。

法国 SILVA 计划获得的主要研究结果是：蒸发了约 2 000 kg 天然铀，得到了 204 kg 的铀-235 丰度为 2.5% 的浓缩铀，并且论证了 SILVA 技术路线的可能性，目前仅美国的技术水平与其相当。由于 Cogema 公司决定用离心技术建造乔治·贝斯-Ⅱ离心厂，导致法国 SILVA 计划后来停止。

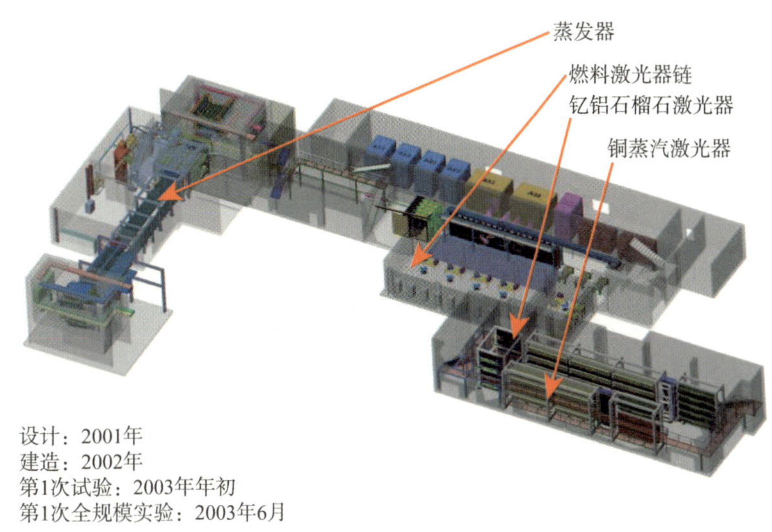

图 10-1　法国 Menphis 设施[3]

10.1.3　铀浓缩基础设施

1. 乔治·贝斯扩散厂

欧洲气体扩散公司（Eurodif，后来成为阿海珐集团公司的子公司）的乔治·贝斯工厂于 1979 年开始运行，1982 年 6 月开始工业运行，用于民用。该工厂使用气体扩散工艺，生产能力为 10 800 t SWU/a。乔治·贝斯工厂的级联为 1 400 级，分为 70 组，每组 20 级。这些级联安装在 4 座相通的厂房内。级联中气体形式存在的六氟化铀约有 2 000 t。最初 Eurodif 打算让该工厂生产到 2000 年，但是该工厂于 20 世纪 90 年代开展了大量技术改进。2011 年 1 月以后该厂仅以最低生产能力运行至 2012 年。

2. 乔治·贝斯-Ⅱ离心厂

2006 年，阿海珐集团公司购买了 Urenco 的浓缩技术公司（ETC）50%的股份，决定采用 Urenco 的离心技术在特里卡斯坦建造乔治·贝斯-Ⅱ（GBⅡ）离心工厂。乔治·贝斯-Ⅱ浓缩工厂是法国第一座离心厂，也是其目前唯一的一座。该厂从 2007 年开始建造，总投资 30 亿欧元，包括两个单元，由 Orano 公司建造运行。生产能力为 7 500 t SWU/a，并可提高到 11 000 t SWU/a。

10.2　军用钚材料储量及生产能力

10.2.1　钚材料库存

法国用于军事目的的大规模钚生产从 1956 年开始，1992 年结束。2014 年 12 月 31 日，法国向 IAEA 申报拥有 61.9 t 未辐照的分离钚。国际易裂变材料专家组 2016 年 1 月估计，法国生产的武器级钚总量为（7±1）t，除去核试验消耗了大约 1 t，法国现有武器级钚库存为（6±1）t[4]。

10.2.2　钚材料生产堆

法国在马库尔曾拥有 3 座钚生产堆：G1、G2 和 G3 堆，它们都是石墨慢化气冷堆，1992 年以后关闭并拆除。法国还有 1 座“凤凰”快中子堆，该堆在1973年临界，并持续大功率运行至20世纪90年代末，为武器计划共生产了0.34 t钚[4]。法国还在马库尔运行了两座“瑟理斯汀”氚生产反应堆，这两座堆分别于1967年和1968年开始运行，以产氚为主，但还生产了0.7~0.8 t武器级钚，2009年12月关闭。除了专门的军用堆以外，法国还曾利用石墨气冷动力堆生产军用钚。

10.2.3　后处理基础设施

1949年11月20日，法国首次分离出毫克级的钚，随后经过几十年的发展，法国成为世界上乏燃料后处理规模最大、技术最先进的国家。法国长期以来的战略是闭合燃料循环，是对核燃料循环后端采取后处理政策最坚决的国家之一。法国阿格（La Hagne）后处理厂采用Purex流程。经过几十年的运行，流程不断改进，目前铀钚分离系数已经达到99.88%，工厂的最终产品为硝酸铀酰和二氧化钚粉末。流程已经能够达到很高的去污系数，每提取1 kg钚留在固化玻璃块中的钚仅有1 g，实现了废物体积的最小化。

法国阿格核中心运行两座大型商用后处理厂，即：UP2和UP3后处理厂，为轻水堆用MOX燃料生产分离钚。法国阿格核中心是法国现在最重要的商用后处理基地，也是目前世界上最大的轻水堆乏燃料后处理中心。为适应法国核电堆型的变化，1972—1976年间对UP2厂进行了改造，成为年处理能力为400 t轻水堆氧化铀燃料（燃耗33 000 MWd/tU）的后处理厂。20世纪80年代，法国为了发展氧化物燃料后处理事业，在阿格中心兴建了UP3后处理厂并改造建成UP2-800后处理厂。1989年，UP3后处理厂投入热运行，1994年9月，UP2-800启动。到1995年，阿格后处理厂首次全年运行并达到1 700 t的年额定生产能力，表10-2列出了法国阿格后处理厂的一些数据。

表 10-2　法国阿格 UP2-800/UP3 的规模

开挖土方	5 000 000 m^3
混凝土	1 000 000 m^3
不锈钢管	4 000 t，1000 km
逻辑控制器	250 台
控制台	215 台
计算机	25 部
建设场地工作	56 000 000 人时
工程工作	25 000 000 人时
订购合同（设备和工作）	10 000 个

目前 UP2 厂主要用于满足法国电力公司的需要，而 1989 年建成的 UP3 厂为国外的客户服务。阿格后处理厂处理过法国、日本、德国、比利时、瑞典、意大利、西班牙和荷兰 8 个国家的乏燃料。乏燃料处理后不能进入燃料循环的放射性废物最终被运回产生国。截至 2015 年，阿格场址共处理了 32 000 t 乏燃料，其中 70%来自法国，17%来自德国，9%来自日本。

表 10-3　阿格后处理厂性能指标

裂变产物 DF（1CU Pu）	铯>10^7　钌>2×10^4
Np DF（2CU）	>1 000
钚中裂变产物放射性活度	<1 μCi/g Pu
铀中裂变产物放射性活度	<2 μCi/g U
铀、钚回收率	超过 99. 88%

相对于改进前，如今的 UP3 和 UP2-800 工厂的实用性能得到了加强，主要表现在：工厂采用了抗腐蚀材料；完全的远距离维护系统；关键设备均设置了备用替换；改进了对工厂的流程，如流程的完整连续运转和更加稳定的萃取流程。此外，工厂的安全标准进一步提

高，废物整备技术也得到改进。阿格后处理厂目前是世界上运行最稳定、安全性表现最好的后处理厂之一。

10.3　军用氚材料储量及生产能力

10.3.1　军用氚储量及生产设施

1967 年和 1968 年，法国马库尔（Marcours）的“瑟理斯汀”1 号堆和“瑟理斯汀”2 号堆开始运行，用于生产氚，并在马库尔提氚车间提取。其氚的累计产量估计约为 8 kg，年补充量约为 400 g。法国 2012 年开始在卡达拉希（Caclarache）的核潜艇陆上试验堆（RES，Réacteurd’ essais à terre）生产氚。

马库尔的提氚车间（ATM，Atelier d’ extraction du tritium des cibles）对辐照后的锂-铝靶进行处理。主要工艺步骤是将靶熔解，提取气体；将含氚气体与其他气体分离；用热扩散法富集氚。

10.3.2　军用氚生产技术

法国的重水提氚技术先进，具有丰富的经验。法国最初采用亲水催化剂交换法（VPCE）和低温精馏法（CD）从重水中提氚。此法耗能大，流程设备系统复杂，效率低。针对这一缺点，印、俄、法、韩等国先后研究采用疏水催化剂，使氘、氚在液相中先交换后进入气相，大大节约了能源，简化了系统、设备，提高了效率。为此法国着重研究：一是疏水型催化剂的制备，如活性金属铂、铬的有机溶液的制备，硅石、活性碳、苯乙烯-2 乙烯基苯共聚物载体的制备，Pt 基疏水型催化剂的制备工艺；二是疏水型催化剂性能的研究（催化剂粒度，热稳定性，辐射稳定性）；三是疏水型催化剂填装技术的研究

(催化剂填装高度，填料高度，理论塔板高度)；四是电解—催化交换工艺研究（固体电解池的研制，聚合物隔离膜的研制，金属电极的研制)；五是低温精馏工艺的研究（低温精馏塔的设计、控制等)。

10.4　军用锂-6生产技术

法国原子能委员会最早在格勒诺布尔的核研究中心（CEN）开发了生产锂-6的汞齐法，并从1962年开始在Cogema公司的米拉马(Miramas）工厂进行工业生产，2000年7月21日停止生产锂-6。这种方法需要大量使用水银，因而有严重的重金属污染。为解决污染问题，原子能委员会和Cogema公司研究了两种新方法，一种是离子交换树脂色谱，另一种是熔盐离子交换色谱。

参考文献

[1] International Panel on Fissile Materials Stocks, Countries: France[R]. updated 2018. http://fissilematerials.org/countries/france.html.

[2] Enrichment Technology Company Technological Platform Urenco&Areva State & Development Forecast[R]. IBMTM, 2015.

[3] Achievements of the French SILVA Uranium Enrichment Program[C]. UCL meeting, 2012.

[4] Global Fissile Material Report 2010. Balancing the Books: Production and Stocks, Eighth annual report of the International Panel on Fissile Materials, 2015.

第十一章　核试验

为了军事或科学研究目的，按预定计划进行的核装置的爆炸试验称为核试验。核试验在法国核武器的研制、发展中具有十分重要的作用。

核试验是紧紧围绕着核武器的研究、发展进行的，其目的可以分为：(1) 研究和改进核武器。凡是新型号的核武器必须经过核试验的检验，以确定核装置爆炸的威力，测量核装置爆炸过程的各种参数，为改进设计和定型生产提供依据。如“一点安全”设计，采用钝感炸药和耐火弹芯等，与核战斗部的性能有关，需要通过核试验来检验设计的正确性。(2) 研究核爆炸的效应及其防护。通过观察核爆炸的宏观现象和测量各种毁伤效应的参数，考察各种武器装备抗核爆炸的能力和抗核爆措施的有效性，为核武器的使用及防护提供依据。(3) 考察核武器的可靠性和安全性。检验核武器的库存可靠性的某些指标，某些反映核武器安全特性的指标也需要通过核试验来考察。(4) 研究核爆炸的探测技术。为核战争中探测核武器爆炸，为限制和禁止核试验条约的履约核查提供支持。(5) 研究和平利用核爆炸技术。

根据美国自然资源保护协会（NRDC）和瑞典斯德哥尔摩国际和平研究所（SIPRI）的统计，截至 2017 年 9 月 3 日朝鲜第 6 次核试验，全世界共有 9 个国家累计进行了 2 059 次核试验（详细情况见表 4-1）。核武器国家首次核试验统计见表 4-2。

☆本章由杨春才撰稿，曾路生、康力新审阅。

11.1　核试验概述

1960 年 2 月 13 日，法国进行第一次核试验，成为世界上第四个掌握核爆炸技术的国家。1996 年 1 月 27 日，法国进行最后一次核试验，1 月 29 日，时任法国总统希拉克宣布终止核试验。法国历时 36 年，共计进行了 210 次核试验，次数居世界第三，其中大气层核试验 50 次、地下核试验 160 次[1]。

法国 210 次核试验中，在阳尔及利亚雷根（Reggane）试验场 4 次，包括 3 次塔爆和 1 次地面爆炸，因埃克（In Ekkev）试验场 13 次，全部采用竖井方式；在南太平洋穆鲁罗瓦（Mururoa）试验场 180 次，包括大气层试验 41 次、地下核试验 139 次，方加陶法（Fangataufa）试验场 13 次，包括大气层试验 5 次、地下试验 8 次。在法国开展的核试验类型包括塔爆、空投、气球、水面（驳船）和地下（竖井）等，其试验目的主要有三方面，即武器研究、武器效应和武器安全[2]。

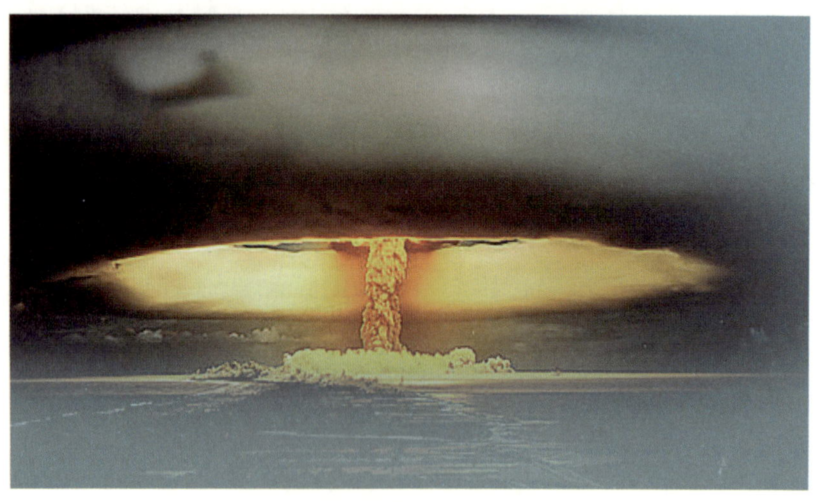

图 11-1　法国核试验蘑菇云（1970 年 7 月 3 日）

1. 核武器研究试验

核武器研究试验包括：核武器原理性试验、核武器定型试验和改进武器设计、实现武器小型化试验。1960 年 2 月进行了原子弹原理性试验，1966 年进行了助爆原子弹原理试验，1968 年进行了氢弹原理试验，1982 年进行了中子弹原理试验。通过核试验，法国先后掌握了原子弹、助爆弹、氢弹和中子弹的设计方案，进行了大约 16 种弹头的定型。法国核试验一半以上是为了修改已经经过验证的设计，以便在维持当量的情况下研发更轻便的核弹头。最后一轮核试验，即 1995 年和 1996 年的 6 次核试验，法国军方声称其主要目的是检查现有的核弹头、验证新的核弹头、开发模拟核弹头的计算机系统。法国议会国防委员会的报告印证了军方宣布的目的，指出法国最后一轮核试验有 3 个目的：（1）TN75 的最终认证（检查现有核弹头）；（2）皮实弹头概念验证（验证新的核弹头）；（3）获取核爆模拟数据（开发模拟核弹头的计算机系统）。

2. 核武器安全试验

法国从 1966 年以来进行了 12 次与核武器安全、安保和使用控制相关的核试验，其中 5 次为大气层试验，涉及“一点安全”、耐火弹芯和增强核爆安全、密码锁技术。这类试验在穆鲁罗瓦试验场进行。其中的大气层安全性试验给场区的环境造成了大面积的污染，比如 1966 年 7 月 21 日代号为“木卫三”（Ganymede）的安全性试验，核装置没有爆炸，但发生破裂，导致钚扩散，最后用沥青对污染区进行了覆盖。1975 年，法国核试验全部转入地下后，在该场区进行了 10 次安全性试验，其中 7 次在深度 280 m 以下的碳酸盐岩地层中进行，3 次在玄武岩地层中进行。

3. 核武器效应试验

法国至少进行过 5 次核武器效应试验。最初在雷根试验场进行的

4 次大气层核试验全部为武器效应试验，试验方式为 3 次塔爆、1 次地面；另外在穆鲁罗瓦试验场也进行过此类试验。

1996 年 9 月 24 日，法国签署《全面禁止核试验条约》，1998 年 4 月 6 日批准条约。英国和法国同时向联合国递交了《全面禁止核试验条约》批准文书。

11.2　核试验特点

法国核试验从 1960 年开始到 1996 年结束，先后突破了原子弹、氢弹和中子弹武器技术，概括起来具有如下特点。

早期核试验借鉴了美国的技术。法国在进行首次核试验前，曾于 1957 年和 1958 年两度派代表前往美国内华达试验场学习核试验经验，并参与美国核试验，掌握了人员防护措施，为其试验方案的选择确立了方向。

首次核试验当量大，最初几次核试验都是效应试验。首次核试验于 1960 年 2 月 13 日在雷根试验场进行，采用塔爆方式，塔高 106.7 m，爆高 105 m，当量为 60~70 kt TNT，是美、苏、英首次核试验的 3 倍。美国首次核试验在高 30 m 的铁塔上进行，爆炸当量为 19 kt TNT；苏联首次核试验也是采用塔爆的方式，爆炸当量为 22 kt TNT；英国首次核试验爆炸当量为 25 kt。

在进行首轮大气层核试验的同时，积极准备地下核试验。法国准备在雷根试验场进行大气层核试验之前，即 20 世纪 50 年代末，法国就遭到试验场周边国家的强烈抗议，因此法国从 1960 年左右就开始寻找进行地下核试验的场地。所选择的因埃克试验场于 1961 年 11 月投入使用。法国从第一次核试验（大气层核试验）到第一次地下核试验的时间间隔只有 1 年零 9 个月；美国 6 年多，苏联 12 年，英国近

10 年。法国的第一次地下核试验仅仅只在苏联第一次地下核试验后 1 个月（苏联第一次地下核试验在 1961 年 10 月 11 日，法国第一次地下核试验在 1961 年 10 月 7 日）。

地下核试验全部为竖井核试验，没有进行过平洞核试验。法国进行的 160 次地下核试验全部采用竖井方式，这主要是由其地下核试验场的地质环境决定的。法国最初的地下核试验于 1961 年至 1966 年在因埃克试验场进行，爆炸当量 3.6~127 kt TNT，井深 353~785 m；穆鲁罗瓦试验场进行的 139 次地下核试验，每次当量都小于 150 kt TNT，总当量约为 2.4 Mt TNT，所使用的竖井深度 500~1 200 m；在方加陶法试验场进行了 8 次地下核试验，平均每次当量为 80 kt TNT，其中几次当量较大的试验在泻湖下 500~700 m 深处进行。

法国的核试验持续时间长达 36 年，在进行的 210 次核试验中，绝大部分当量都在 150 kt TNT 以下，百万吨级以上的氢弹试验只有 5 次，而且有几次以安全性为目的的试验为零当量。法国最大当量的核试验是 1968 年 8 月 24 日在方加陶法岛进行的代号为“卡那浦斯”（Canopus）核试验，当量为 2.6 Mt TNT，这也是法国的首次热核装置的试验，此次试验给方加陶法岛造成了严重的污染，法国当时宣布该地区六年内禁止人员进入。

11.3　核试验场建设

法国核试验均在本土之外，这主要是由于其本土可供核试验的地理条件有限。

20 世纪 50 年代，法国作出制造原子弹的决定后，便开始寻找合适的核试验场。1957 年，法国选定位于撒哈拉沙漠的雷根试验场（北纬 26.7°，西经 0.17°，面积 3.65 km^2），并于 1958 年 4 月决定在

1960 年第一季度进行首次核试验。20 世纪 50 年代末，法国在雷根试验场进行的大气层核试验遭到了试验场周边国家的强烈抗议，因此法国政府决定另选一个试验场用于进行地下核试验。因埃克（北纬 24°，东经 5°）属于花岗岩地层，是比较理想的地下核试验场，后来这里被称为“绿洲”（Oasis）军事试验中心。该试验场从 1961 年开始使用，1966 年关闭。1967 年 1 月 15 日，该试验场归还阿尔及利亚。

1962 年阿尔及利亚独立后，法国开始寻找其他合适的试验场。最初选择的场地包括南印度洋的凯尔盖朗（Kerguelen）群岛、太平洋的克利珀顿岛（Clipperton）和土阿莫土群岛（Tuamoto Archipelago）。但是由于凯尔盖朗群岛和克利珀顿岛地处偏远，而且气候条件恶劣，因而被排除在外。法国最终选定了位于南太平洋法属波利尼西亚的土阿莫土群岛上的穆鲁罗瓦（Mururoa，西经 138. 54°、南纬 21. 50°，面积 155 km^2）和方加陶法（Fangataufa，西经 138. 63°、南纬 22. 25°，面积 45 km^2）作为核试验场。这两个地方位于太平洋中心，“与世隔绝”且远离航空、航海路线，周围地区无人居住，是理想的核试验场地。为保障太平洋两个岛屿上的核试验实施，法国于 1962 年专门成立了太平洋试验中心（CEP），1966 年正式启用。该中心由三部分组成：设在塔希提岛（Tahiti）的后方保障基地、设在豪岛（Howe）的前方基地（技术中心）和两个岛屿上的核试验场地。1966 年以后的所有核试验均在波利尼西亚的两个岛上进行，总次数 193 次，占法国全部核试验次数（210 次）的 92%。1996 年 3 月，法国签署《拉罗汤加条约》，同意建立南太平洋无核区。1998 年法国以透明和不可逆的方式拆除了其核试验场。

表 11-1　法国核试验大事记

1960-02-13	法国首次核试验（阿尔及利亚雷根地区）
1961-04-25	法国最后一次大气层核试验（阿尔及利亚试验场）
1961-11-07	法国第一次地下（竖井）核试验（因埃克试验场）
1968-08-24	法国第一次氢弹试验（方加陶法岛试验场）
1974-09-14	法国最后一次大气层核试验（穆鲁罗瓦岛试验场）
1995-06-13	法国时任总统希拉克宣布法国将恢复核试验
1996-01-27	法国最后一次核试验（方加陶法岛试验场）

参考文献

[1] 喻名德,杨春才. 核试验场及其治理(精)[M]. 北京:国防工业出版社,2007:11-12.

[2] Robert S Norris, Andrew S Burrows, Richard W Fieldhouse, eds. Nuclear Weapons Databook: Volume V-British, French, and Chinese Nuclear Weapons[M]. Boulder: Westview Press, 1994: 35-37.

第十二章 核武器研究与发展

法国是世界上第四个拥有核武器的国家，一直以来独立自主发展核武器。法国先后完成了原子弹、氢弹和中子弹的研制和试验工作，建立起完善的核武器研究与发展的科研和工业生产体系，实现了自给自足，满足国家对核武器发展的需要。

12.1 停止核试验前的核武器研究

1945 年 5 月，法国在中南半岛的奠边府战役中失败。1956 年 11 月，法国在苏伊士危机中遭受了苏联的核威胁。在这些政治事件影响下，法国加深了必须拥有核武器的信念。1956 年 11 月 30 日，尼伊·摩勒政府决定加速军事原子计划，以后的两任总理也都主张发展原子武器。1958 年 12 月 21 日，夏尔·戴高乐将军成为法国总统，执行更加独立自主的防御政策。

1960 年 2 月，法国成功进行原子弹原理试验，核装置为纯裂变钚装置，在此基础上形成 AN11 和 AN22 型号核弹头，当量为 60~70 kt TNT，1964 年部署在“幻影”IVA 轰炸机上，构成法国第一代空基核力量。1966 年法国定型 MR31 纯裂变核弹头（120 kt TNT 当量），1971 年开始在陆基中程弹道导弹上部署，形成第一代陆基核力量。1966 年进行了氘氚助爆原子弹设计试验，形成 MR41 助爆裂变弹，为 500 kt TNT 当量，使用铀-235 核材料。

☆本章由康春梅撰稿，田东风审阅。

1968 年 8 月法国首次氢弹试验成功，爆炸威力为 2.6 Mt TNT。在此基础上，研制成功 TN60 和 TN61 型核弹头，当量为 1 000 kt TNT，分别于 1976 年装配在潜射弹道导弹和中程弹道导弹上，构成法国第二代战略核弹道导弹。1982 年又成功进行了中子弹设计试验[1-2]。法国核装置原理突破及定型时间见图 12-1。

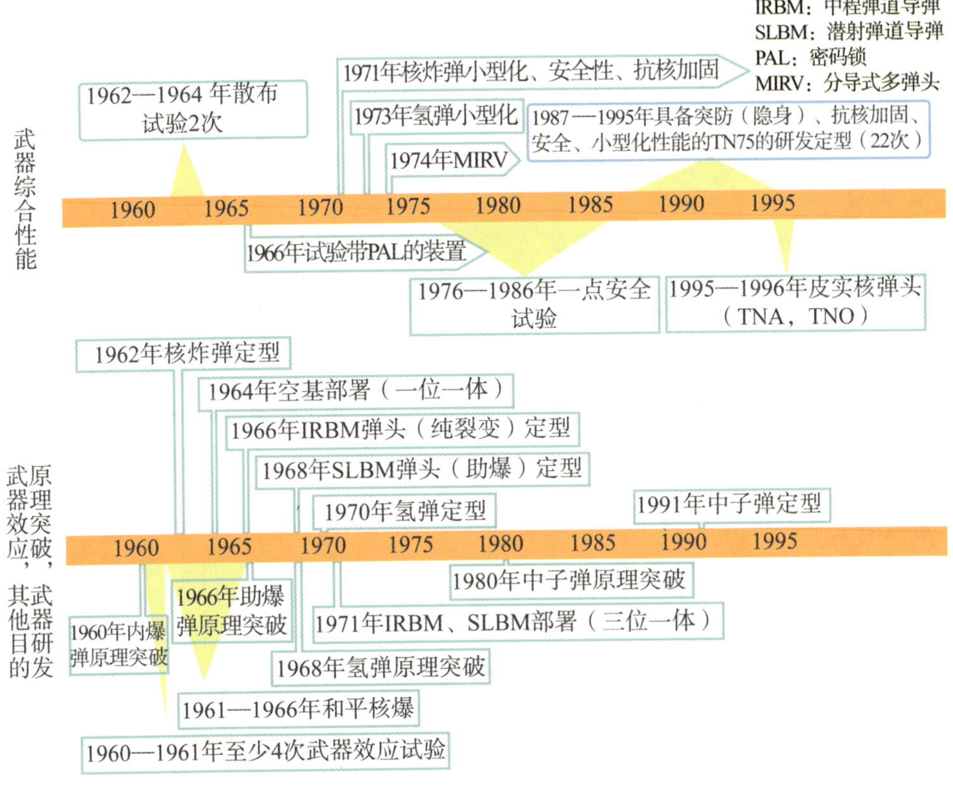

图 12-1　法国核装置原理突破及定型时间

12.1.1　停止核试验前核弹头设计特点

法国在突破核装置原理设计后，主要在三方面展开进一步的研究工作：（1）小型化设计；（2）抗核加固工作；（3）提高核弹头的安全性。从 20 世纪 70 年代开始，法国的核试验大约有一半以上是为了修改已经过验证的设计，目的是提高比威力，在威力不变的情况下研发和部署更轻的核弹头。在1976—1991年间，法国进行了几十次低于20 kt TNT当量的核试验，目的就是验证和改进氢弹初级设计以实现弹头小型化的目标[2]。

法国的核弹头小型化不断取得进展。1985年开始部署的TN70和TN71核弹头就是小型化的第一批成果，为150 kt TNT当量。其中TN71与TN70核弹头的主要差别就是前者的重量比后者减轻了25 kg。TN70和TN71核弹头部署在分导式潜射弹道导弹上，形成法国第三代战略潜射核力量。同一时期，法国研制出配置在中程空对地导弹（ASMP，Air-Sol Moyenne Portee）上的TN80和TN81核弹头，为300 kt TNT当量，1988年部署在"幻影"2000N轰炸机上，形成法国第一代空射巡航导弹。

20世纪80年代初，法国开始研制进一步小型化的TN75核弹头，最终定型于1995年10月，1995—1996年间进行最后一轮核试验认证。法国国防部在最初下达研制任务时就特别强调小型化设计，同时提出了突防（包括雷达隐身）和抗核加固方面的要求。其小型化程度可以与"美国和俄罗斯的现代化核弹头相媲美"[3]。但是法国官方公开承认，由于重量和体积的限制，TN75核弹头设计进行了某些折衷。法国也格外重视核弹头的安全性，开展了一点安全、耐火弹芯和类似增强核爆安全、密码锁（PAL）相关的技术研究[4]。TN75核弹头具有一点安全特性。20世纪60年代部署的AN22核炸弹装备了密码锁，TNA核弹头也可能安装有密码锁。

法国还进行了武器效应核试验以提高核弹头抗核加固能力。1975年法国的核试验全部转入地下之后，其武器效应实验只能在实验室模拟进行。为此建造了大量的设施开展武器效应研究，包括模拟核武器的热辐射和爆轰信号模拟。1980年以后美国的陆军弹道研究实验室为法国模拟核武器热辐射和爆轰信号技术提供了帮助。同时法国也通过中子、γ 和 X 射线源模拟核武器的辐射效应以及放射性沉降效应。此外法国对核电磁脉冲加固也进行了研究，并建造了电磁脉冲模拟器（EMP）[1]。

法国通过核试验大约定型了 16 种型号的核弹头[4]，经过几代核武器系统的发展，核弹头在小型化、突防（包括雷达隐身）和抗核加固设计上有较大提高。

表 12-1　法国研发核弹头情况[2]

序号	弹头型号	弹头类型	TNT 当量/kt	运载工具	部署时间
1	AN11	纯裂变钚弹	60~70	“幻影” IVA 轰炸机	1964
2	AN22	纯裂变钚弹	60~70	“幻影” IVA 轰炸机	1967
3	MR31	纯裂变钚弹	120	S2 中程弹道导弹	1971
4	MR41	助爆裂变弹（使用铀-235）	500	M1 和 M2 潜射弹道导弹	1971
5	AN51	纯裂变钚弹	15	“冥王星” 近程弹道导弹	1974
6	AN52	纯裂变钚弹	25	“美洲虎” / “幻影” / “超级军旗” 飞机	1972
7	TN60	热核弹头	1 000	M20 潜射弹道导弹 S3D 中程弹道导弹	1976
8	TN61	热核弹头	1 000	M20 潜射弹道导弹 S3D 中程弹道导弹	1976
9	TN70	热核弹头	150	M4A 潜射弹道导弹 M4B 潜射弹道导弹	1985
10	TN71	热核弹头	150	M4A 潜射弹道导弹 M4B 潜射弹道导弹	1985
11	TN75①	热核弹头	100[4]	M45 潜射弹道导弹 M51. 1 潜射弹道导弹	1997
12	TN80	热核弹头	300	空射巡航导弹	1986
13	TN81	热核弹头	300	空射巡航导弹	1986

续表

序号	弹头型号	弹头类型	TNT当量/kt	运载工具	部署时间
14	ERW②	辐射增强弹		“哈德斯”近程弹道导弹	未部署
15	TNA③	热核弹头	150	空射巡航导弹	2009
16	TNO④	热核弹头	150	M51.2 潜射弹道导弹	2015

注①：TN75 于 1987 年至 1989 年开始研制[5-6]；

注②：法国在 20 世纪 70 年代末成功试验了增强辐射弹，计划由 HADES 型导弹携带，但由于导弹计划取消，从未部署[6]；

注③：TNA 用来替代 TN81；

注④：TNO 用来替代 TN75。

12.1.2 法美合作研制核弹头

法国和美国在核弹头研制领域的合作虽不如英美合作紧密，但也得到了美国的很多帮助。法美正式的合作始于 1961 年。历史上法国与美国签署过 4 个核合作协议。1961 年 7 月，签署的协议主要是关于北约核作战。1963 年《有限禁核试条约》（LTBT）生效，当时美国的肯尼迪总统试图通过为法国的核计划提供帮助，换取法国同意禁止进行大气层核试验。但法国不想由于获得帮助而阻碍法国核武器发展的独立性，因而拒绝了这一条件。1971 年 7 月，法美两国国防部签署弹道导弹合作备忘录（主要是美国提供帮助）。1985 年 7 月，更新了 1961 年签署的协议并扩大了合作范围，包括武器设计、开发和制造相关的信息交换。这些协议重点在核活动的安全和安保上。但是美国通过“否定式指导”对法国的核武器设计给予帮助。“否定式指导”可能始于 1973 年后，其基本含义是法国将自己的核武器设计方案提交美国技术专家咨询，美国告诉法国哪里可能存在问题，但不告诉法国如何改进和设计核武器。“否定式指导”使美国可以知道法国的核武器设计水平，法国则可以少走弯路。美国通过“否定式指导”帮助了法国核弹头小型化的设计。法国的中子弹可能也是通过这种方法研发的。法国还在美国内华达地下核试验中进行了抗核加固效应试验。据说这种合作关系至少维持到 20 世纪 80 年代中期，也许至今仍以这种方式合作。此外，在 20 世纪 50 年代末期和 60 年代，美国一直向法国出售超级计算机。如 1987 年出售的 Cray 1S 计算机、Cray X/MP 416 计算机；1996 年法国还购买了美国的 Cray T3 计算机进行核爆模拟；2001 年和 2005 年又购买了两次。法国从美国引进的能力更强的 Cray 系列计算机 2013 年前一直是全球计算最快的系统（2013 年被中国的“天河”-2 号赶上），使法国计算模拟能力大大提高。此外，美国曾向法国提供 1967—1968 年期间收集到的法国太平洋大气层核试验数据；作为交换，法国向美国提供其核武器的一些设计信息，例如法国将最后一轮核试验的数据提供给了美国。

12.2　停止核试验后的核武器研究

法国在 1996 年签署《全面禁止核试验条约》。禁核试后法国展开了新一轮核武库现代化，核武库弹头设计从极力追求小型化向皮实弹头转变。

2008 年的《法国国防白皮书》指出，“现役核弹头（海基的 TN75 和空基的 TN80）服役期结束后将被替换，新弹头将按‘皮实弹头’的概念设计。”“皮实弹头”的概念已被 1995—1996 年的最后一轮核试验所验证[7-8]。在禁核试前最后一轮核试验中定型的 TN75 核弹头由于追求小型化设计，迫使核弹头设计不得不进行某些折衷，这使法国对其核弹头长期可靠性感到担忧。因此，禁核试前已经在考虑“皮实弹头”的概念，皮实弹头对部件老化敏感性降低。

TNA 和 TNO 核弹头都属于皮实弹头，它们从 2009 年之后陆续服役，分别替代了禁核试前部署的 TN81 和 TN75 核弹，TNO 核弹头

“可能拥有更多的屏蔽材料、高能炸药和易裂变材料，且具备安全特征”。2011 年，法国宣布 TNA 核弹头作为“首枚在禁核试后通过模拟认证的核弹头”进入核武库，配置在 ASMP 导弹改进型 ASMP-A 导弹上。2009 年，法国开始部署 ASMP-A 型，并逐步替代 ASMP。截止到 2015 年，法国空基核力量已经全部换装成 TNA 弹头，TN81 弹头于 2011 年 11 月拆解完毕[9-10]。

2009 年，原子能委员会向国防部递交了 TNO 新核弹头的研发申请，2010 年年初获得批准。2013 年 9 月法国开始生产 TNO 核弹头[11]。从 2016 年开始，TNO 核弹头配置在 M51.2 型潜射弹道导弹上[9]。在可预见的将来，法国仍将继续维持一支“足够”的核力量，并依靠模拟计划发展起来的能力，确保核武库的有效性。2015 年 2 月，法国总统奥朗德表示已经命令原子能委员会做好准备，在现役核弹头作战寿命结束之前，对核弹头进行必要的改进，在不进行核试验的情况下对弹头进行更新，以装配在新研发的海基和空基战略核运载工具上。他还声明法国将不会生产新型核武器。

12.3　停止核试验条件下的核武器科学研究

1996 年《全面禁止核试验条约》签署后，法国即刻启动了禁核试对策工程——法国版的核武库维护计划，即“模拟计划”，以便支持核武库的现代化，发展长期维持核威慑有效性所需的能力。模拟计划的主要目的是为核爆过程各个阶段提供经验证的数值模拟能力，以在无核试条件下有效保证武器的长期可靠、安全和性能。为了实现这一目标，模拟计划分以下三步进行：首先，为核武器行动过程的每个阶段开发预测物理模型；其次，将这些物理模型并入模拟程序，对武器行为相关过程进行模拟；最后，基于过去核试验和新建实验装置中获取的数据，对计算模拟进行验证。

法国描述其模拟计划的目标是“在没有核试验的条件下，用有保证（Guaranteeing）的核弹头逐步替换寿命到期的核弹头”。“有保证核弹头”基于三个条件[10]。第一，弹头设计是建立在经过1995—1996年最后一轮核试验成功验证的“皮实弹头”设计概念的基础上。法国在1995—1996年期间的最后一轮核试验中研究了影响氢弹初级助爆效率的氘氚混合问题，为法国禁核试后的模拟计划奠定了基础。第二，通过计算模拟来验证弹头武器化过程带来的变化，或弹头在服役期内可能发生的变化。模拟计划的关键是一套计算标准，它是一套再现核武器不同阶段行为过程的软件。第三，强调认证离不开“核武器专家团队对计算模拟结果进行分析的能力”。

12.3.1 停止核试验条件下的科学技术与试验

法国通过模拟计划建造了一批重要的科研设施，包括高性能计算平台、辐射照相装置和激光聚变点火装置等。

1. 高性能计算

模拟计划的执行需要一系列通过科学和技术研究开发出来的预测性的物理模型，同时需要强有力的计算资源。高性能计算通过运行标准预测模型并对比核试验数据和实验室数据，促进物理和数学模型的开发，实现对核爆过程各个阶段的模拟。军事应用部通过Tera计算机项目来实现模拟计划所需的高性能计算机硬件资源。Tera计算机是专用于国防保密项目应用的计算机。截止到2016年年底，Tera计算机项目已经实现了4次能力提升[11]。

2010年投入使用的Tera 100超级计算机的理论峰值运算速率为每秒1.25千万亿次浮点运算[12]。原子能委员会利用Tera 100超级计算机已经完成了TNA和TNO核弹头的设计和认证工作[8-10,13]，弹头的安全性和可靠性也通过模拟计划来保证[9]。

目前正在开发的Tera 1000超级计算机是Tera计算机项目的第四

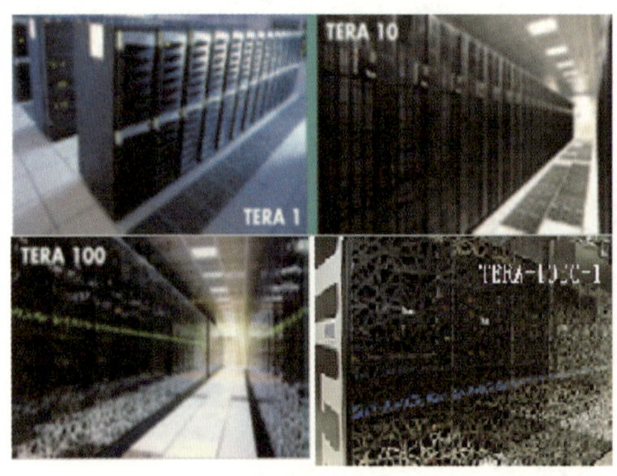

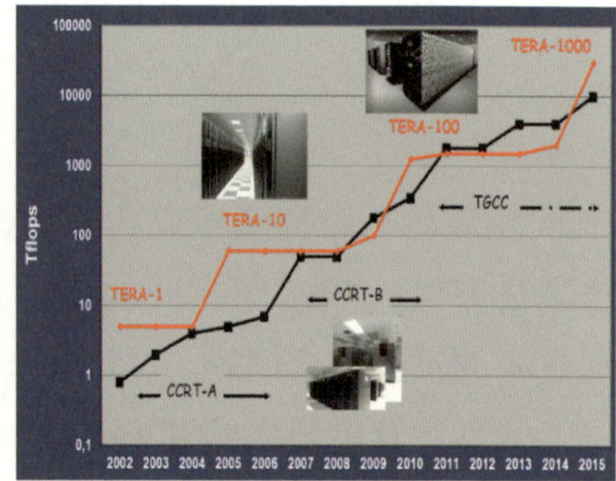

图 12-2 Tera 计算机计划各阶段研发的超级计算机及其性能水平[16]

图 12-3 Tera 100 计算机系统

阶段，可以在同等能耗下比 Tera 100 超级计算机运算速度提高 20 倍，达到 25 千万亿浮点运算速度。2016 年年底实现运行速度为 2.6 千万亿浮点运算，称为 Tera 1000-1 超级计算机，2017 年达到 25 千万亿浮点运算速度，称为 Tera 1000-2 超级计算机。未来原子能委员会将在 Tera 1000 超级计算机的基础上发展 Escale 级（10^{18}）超级计算机，预计 2020 年运行。

2. 流体动力学

AIRIX 装置是法国原子能委员会的大型流体动力学试验装置，主要对核爆流体动力学过程进行 X 射线闪光辐射照相，从而验证核武器内爆初始阶段的非核爆炸的物理模型。进行流体动力学实验时用惰性材料替代核材料进行流体动力学研究。2000 年 AIRIX 装置在法国巴黎北部的 PEM 爆炸试验场投入使用。

图 12-4　AIRIX 装置试验区

图 12-5　AIRIX 装置注入器和加速腔

AIRIX 装置能够产生 16~20 MeV/ 3.5 kA/60 ns 的电子束，其产生的 X 射线可以探测运动非常快（几千米/秒）、密度非常高的靶。试验以极高的空间和时间分辨率精确描述材料在内爆过程中的演化，包括界面的定位、不稳定性、冲击等，从而可以对数值模型之间的区别进行判断，并验证模拟程序。图 12-6 是 AIRIX 装置试验结果的 X 射线图像与模拟计算图像的比较图。

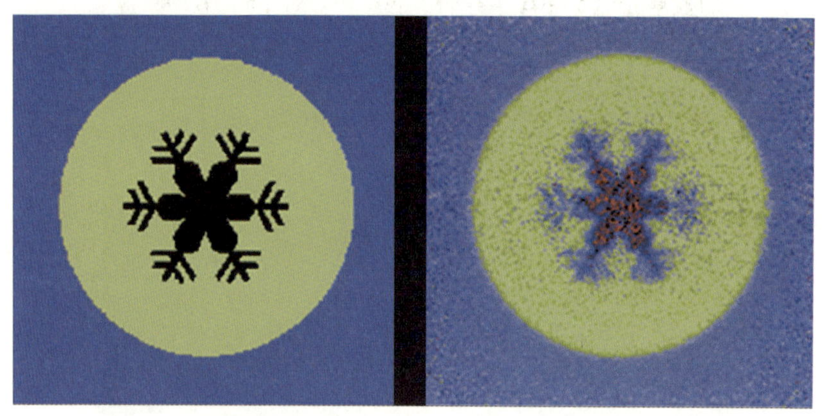

图 12-6　AIRIX 装置试验结果的 X 射线图像（右）与模拟计算图像（左）的比较

基于 AIRIX 装置，法国和英国正在联合建造 Epure 大型三轴辐射照相/流体动力学装置。Epure 装置将在法国原子能委员会的瓦尔杜克研究中心建造。2012 年 AIRIX 装置转移到瓦尔杜克中心，届时还将新增两个高能辐射照相设备，构成三轴 X 射线照相 Epure 装置，以同时获得材料动态响应的三个角度的辐射照相，可用于验证武器可靠性，这对于未来对武器的长期精确模拟至关重要。Epure 装置的大部分试验将使用非裂变的替代材料来模拟钚进行研究。

2014 年年底 Epure 装置的第一轴 AIRIX 装置恢复运行，第二轴计划在 2019 年开始运行，第三轴在 2022 年开始运行[14]。

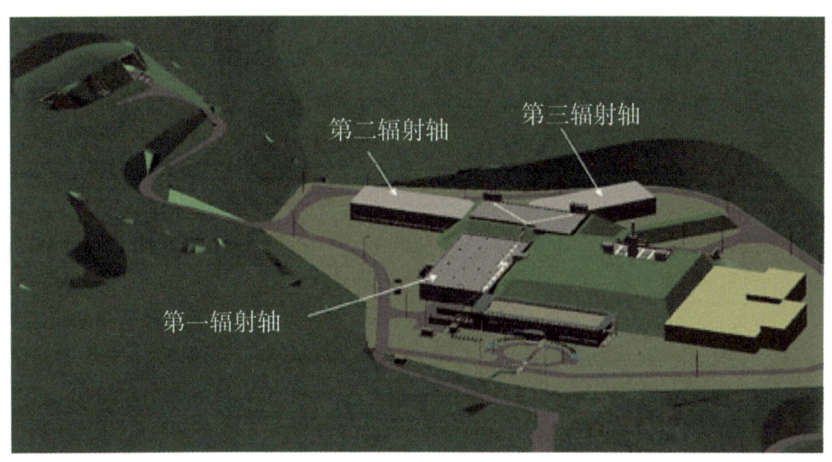

图 12-7 Epure 装置示意图

3. 等离子物理

兆焦耳激光器（LMJ）装置的设计和建造目的是将强激光加载到靶丸上并使之内爆，产生极端的高温高压环境。其首要任务是满足军用需求，在实验室再现核爆过程，可在不进行核试验情况下确保核威慑的有效性。兆焦耳激光器装置为验证模拟计划的先进理论模型提供了唯一的高能密度物理条件，用于验证核武器爆炸过程相关阶段的物理模型。虽然兆焦耳激光器还兼具惯性聚变能源开发研究任务，但兆焦耳激光器将优先开展武器研究活动[15]。

兆焦耳激光器造价 30 亿欧元。法国原子能委员会与美国劳伦斯 · 利弗莫尔国家实验室（LLNL）为建造兆焦耳激光器开展了广泛的合作，因此兆焦耳激光器与美国劳伦斯 · 利弗莫尔国家实验室建造的国家点火装置（NIF）有很多相似之处。二者占地面积大致相同，具有相同的框架结构，具有相同的方形光束通道以及具有相同的直径为 10 m 的靶室。兆焦耳激光器原型装置“激光综合列”（LIL）已于 2002 年开始运行，用以验证兆焦耳激光器的技术参数。

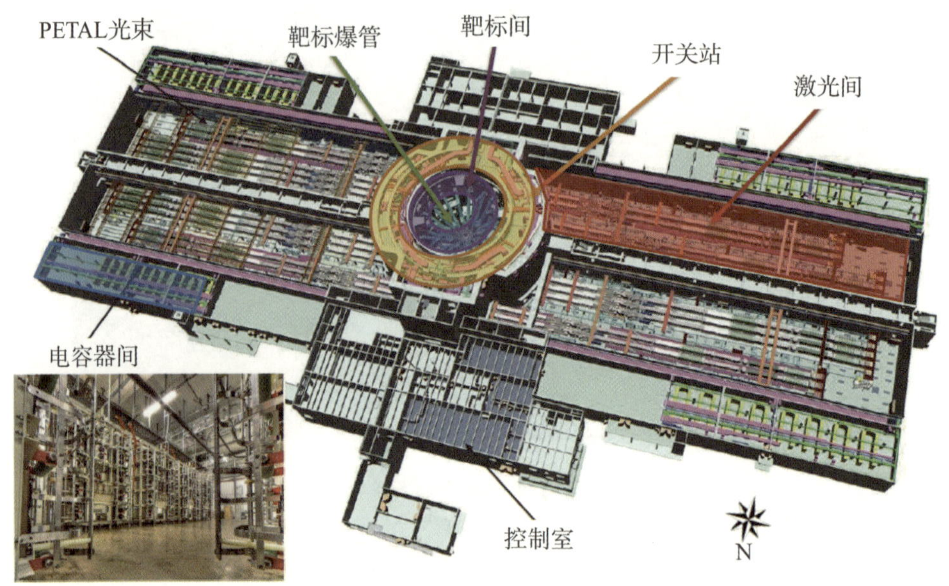

图 12-8　法国兆焦耳激光器布局示意图[16]

图 12-9　兆焦耳激光器球形靶腔（右）和激光大厅（左）[16]

与美国的国家点火装置一样，兆焦耳激光器利用一个光纤激光器产生一个脉宽为几微秒、携带能量为几微焦尔的红外脉冲，这一弱脉冲随后进入预放大器。在预放大器中，脉冲通过氙闪光灯泵浦的钕玻璃板，将其能量增加到焦耳量级。随后，光束将分成多路进入主放大器。兆焦耳激光器最初设计了 240 束光束，但目前只计划安装

176 束[16]。这 176 路光束由分布在靶室大厅周围的 4 个激光器大厅中 22 个主放大器链构成，每个放大器可容纳 8 束平行光束。在一次打靶中，8 束光束将来回 4 次通过放大器，光束能量会增加 20 000 倍。一个精心设计的镜面阵列能够将所有 176 路光束传输到球形靶室周围。随后，终端光学组件将红外光转换成紫外光并将之聚焦到靶室中心。所有光束总共能够向靶室中心输入 1.5 MJ 的能量，峰值功率为 400 TW。

由于经费的限制，目前只联机了一个主放大器链。2014 年 8 月进行了首次激光器试运行实验。2014 年年底进行首次一组激光束的打靶实验。武器相关研究并不需要所有的光束，含有 8 束光束的一个束组的输出能力足够进行核武器相关的研究。在未来 10 年中，兆焦耳激光器每年将联机最少两个放大器链（16 路光束），直到其达到全能量输出状态。

4. 次临界实验

1998 年，法国以透明和不可逆的方式拆除了其核试验场[17]。但是法美 1996 年签署的核合作协议可能允许法国的科学家使用美国的内华达试验场地。目前没有法国进行次临界实验的直接报道。

12.3.2　核武器科学研究的国际合作

1996 年 6 月，法美签署协议共享与核武器相关的信息[18]。协议主要是核安全和安保方面的[19]。该协议的内涵不是特别明晰，但包括以下方面内容：(1) 在武库维护方面，双方将在理论、数值和实验模拟方面进行合作；(2) 在核安全和安保方面，主要是交换核武器设计方面的信息，包括核和炸药组件的研究、开发、试验、制造、运输和拆卸；(3) 在“设施使用”和“长期参观或安排技术人员参加联合项目”方面，如美国科学家可以进入法国的 AIRIX 装置和兆焦耳激光器，反过来法国的科学家也可以使用美国的设施，例如内华达试验场地。

英法核合作始于 1993 年，旨在保持两国核力量独立的同时，增强双方的核威慑力。英法核合作主要形式包括：成立英法联合核委员会，定期就两国的核政策举行研讨会；两国核武器研究机构就武器研发领域的相关工作（如流体动力学实验、激光等粒子物理以及计算模拟）进行互访和讨论。由于英国同其他国家的核合作受 1958 年美英国防合作协议的限制，英国不得擅自转让从美国获得的技术。但是美法合作后，英法合作的许多限制也随之解套。2010 年 11 月，英法签署"关于联合辐射照相/流体动力学设施"协议，于 2011 年 9 月生效[18]。该协议内容包括交换以下三个领域的相关信息（包括保密信息）：核武器的安全和安保、武库认证、防核扩散或放射性恐怖主义。具体做法包括双方在法国合作建造和运行辐射照相和流体动力学设施；在英国技术开发中心实施联合的辐射照相和诊断技术计划，以便加强今后可能用于 Epure 装置中的技术。目前两个设施都在建造中。

目前，美、英、法三方可以共享很多数据，包括保密数据，增强了三国武器设计者的资源共享。

12.3.3　基础设施建设

法国在禁核试后仍然保留了一个功能完整的核武器综合体，任务覆盖核装置设计和认证、武器物理研究、武器工程化、核和非核生产、武器效应研究等方面。法国核武器综合体也开展大量的基础科学研究，并在禁核试后建造了一批科研设施，包括 2000 年建成的 AIRIX 装置；2010 年投入使用的 Tera 100 超级计算机；2014 年投入使用的兆焦耳激光装置；以及正在建造的大型三轴辐射照相/流体动力学 Epure 装置。

法国核武器综合体经费预算也在不断增长中。军事应用局在 2008 年的预算为 14 亿欧元，2010 年的预算为 17 亿欧元，占当年整个原子能委员会预算（42 亿欧元）的 44%。其中军事应用局用于模拟计划的经费 2011 年为 6. 27 亿欧元，2012 年为 6. 47 亿欧元，约占军事应用局经费的三分之一。

12. 3. 4　人才队伍建设

法国认为核武器专家团队是模拟计划成功的关键。目前，法国核武器综合体拥有员工约 4 700 人，其中 50%左右为有博士和硕士学位的高级人员。新招收的人员中也基本保持了这一比例。

法国核武器综合体也通过与大学及其他研究机构的合作模式来保持实验室活力，提升实验室完成复杂科研任务和挑战的能力，吸引并留住大批优秀人才。

参考文献

[1] S Burrows, A, et al. Nuclear Weapons Databook Project Working Paper[R]. NRDC Report, 1989.

[2] CEA, Dismantling the Fissile Materials Production Plants for Nuclear Weapons and the Nucear Testing site: a French Experience[R], 2010.

[3] Technolog Iques, O. P. D. É. D. C. S. E. , Rapport Sur Les Incidences Environnementales Et Sanitaires Des Essais Nucleaires Effectues Par La France Entre 1960 Et 1996 Et Elements De Omparaison Avec Les Essais Des Autres Puissances Nucleaires[R], 2001.

[4] Hans M, Kristensen, Robert S Norris. Global nuclear weapons inventories, 1945—2013[J]. Bulletin of the Atomic entists, 2013, 69(5): 75-81.

[5] Barrillot, B. France and Nuclear Proliferation[R]. Observatory of French Nuclear Weapons, 2001.

[6] Butcher, M, O Nassauer, S Young. Nuclear Futures: Western European Options for Nuclear Risk Reduction[R], 1998.

[7] 法国国防白皮书,2008.

[8] CEA, Defense and Global Security and Associated Basic Research-Highlights of 2011[R]. 2011 Annual Report, Part 1, 2011.

[9] CEA. 2015 Annual Report[R],2015.

[10] CEA. 2012 Annual Report[R],2012.

[11] CEA, Tera[OL]. http://www-hpc.cea.fr/en/complexe/tera.htm, Dec. 27, 2016.

[12] CEA. 2014 Annual Report[R],2014.

[13] CEA. 2009 Annual Report[R],2009.

[14] Treaty Between The United Kingdom Of Great Britain And Northern Ireland And The French Republic Relating To Joint Radiographic/Hydrodynamics Facilities [R],2010.

[15] Clery D. Laser fusion,with a difference[J]. Science,2015,347(6218):111-112.

[16] MIQUEL J L. Current Status of the LMJ-PETAL Facility[R]. CEA, DAM, F-91297 Arpajon, France,2014.

[17] France, W. P. S. B., Nuclear disarmament: France's concrete commitment-Dismanting the Pacific Test Centre[R],2010.

[18] Medalia J. Comprehensive Nuclear-Test-Ban Treaty: Background and Current Developments[R]. CRS Report for Congress,2013.

[19] Commission, B. A. S. I. C. B. T., Options for UK-French Nuclear Cooperation [R],2012.

第十三章　核武库规模及核力量建设

法国是世界上第四个拥有核武器的国家，先后完成了原子弹、氢弹和中子弹的研制和试验工作，并建立起了“三位一体”的战略核力量，发展了战术核武器。冷战结束以后，法国退役并销毁陆基导弹核武器，仅保留海基和空基“二位一体”战略核威慑力量结构。

13.1　核武库规模与结构演变

法国核弹头发展经历了与其他核国家相似的发展过程，包括从裂变弹，到助爆裂变弹，再到具有更高比威力的两级热核武器三个主要阶段。法国先后共设计了 16 种型号、生产了约 1 260 枚核弹头，在 1991—1992 年间，核弹头储量达到了历史的最高水平为 538 枚。法国历年核武库情况见图 13-1。2008 年 3 月 21 日，法国总统萨科齐宣布，三个核轰炸机中队将削减为两个，“核武库”减少到“不足 300 枚”核弹头。2015 年 2 月 25 日，法国总统奥朗德重申了这一数量规模。

冷战结束后，法国对核力量结构进行了重大调整。1991 年取消了替代 S-3 的 S-4 分导式多弹头中程弹道导弹发展计划，该计划长期以来一直被视为法国与德国之间的摩擦点。1993 年，决定不部署“哈得斯”近程地地导弹来替代已经退役的“冥王星”近程地地导弹；1996 年 9 月，18 枚 S-3D 导弹从现役中撤出，随后拆除了导弹发射井及其相关的设施。这意味着法国核力量结构从此由“三位一体”转变

☆本章 13. 1 节由马春燕撰稿，田东风审阅。

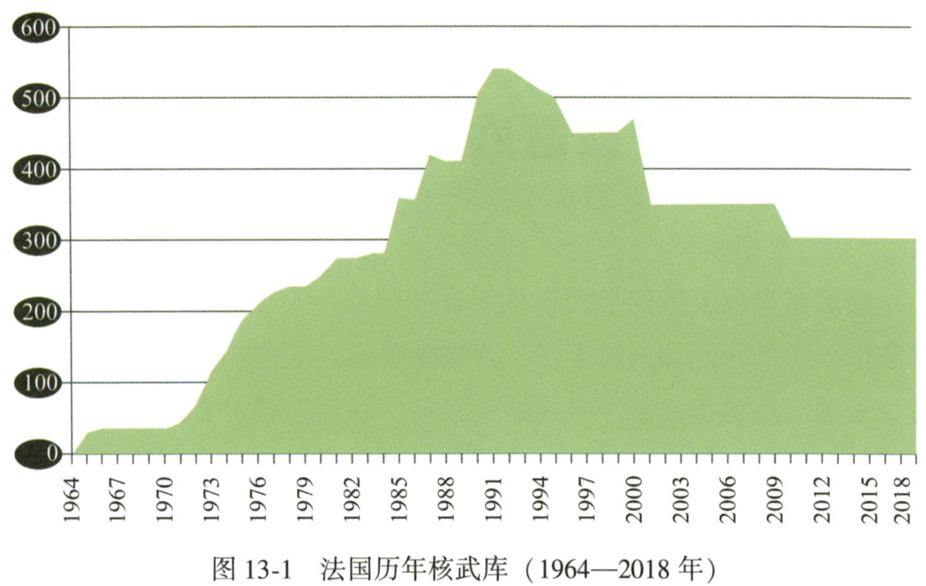

图 13-1 法国历年核武库（1964—2018 年）

为“二位一体”。此外，法国还将原计划部署 6 艘的弹道导弹核潜艇减少到 4 艘。

截止到 2018 年年底，法国拥有核弹头库存约 300 枚，相当于冷战末期法国最大库存的一半，大约与 1984 年的库存规模相同，不过库存构成已经大不相同。法国几乎所有的弹头要么已经部署，要么接到命令即可部署，并投入使用。还有少量弹头处于维护待拆除中。法国现部署三种核弹头，即装配在海基导弹上的 TN75 和 TNO 核弹头和装配在核巡航导弹上的 TNA 核弹头。

TN75 核弹头估计为 100 kt TNT 当量，装备在 M51 潜射导弹上。1995—1996 年间，法国经过最后 6 次核试验后，验证了 TN75 核弹头的效能，确保了更新核武器的可靠性。同时，获取到大量进行模拟核试验的数据，增强了核威慑力量的持久性。1995 年 10 月 1 日法国在方加陶法岛进行的威力 110 kt 核试验是 TN75 的一次全尺寸试验。之后，法国立即开始了这种核弹头的系列生产。TN75 是一种小型化的、加固的热核弹头，与法国原有的核弹头相比性能更优。这种弹头的外壳涂层使用了一种新型材料，其外形设计曾经过精确的计算，所以在再入时具有更强的突防能力。TN75 具有很好的钻地能力和隐身性能，并进一步降低了雷达特征。

TNA 核弹头估计最大为 300 kt TNT 当量。不过据认为可以调节为更低的威力。欧洲导弹集团导弹系统公司指出，TNA 核弹头属于“中等能量热核装料”。这个弹头设计概念在最近的核试验（1995—1996 年）中得到了验证。法国国防部指出，TNA 核弹头是唯一通过仿真而不是由核试验进行设计和认证的核弹头。TNA 核弹头生产和交付于 2011 年完成。TNO 核弹头估计最大为 100 kt TNT 威力。据报道 TNO 比 TN75 更加隐身，安全性和可靠性经过模拟认证，没有做过核试验，2016 年起 TNO 开始装备于 M51.2 导弹。

目前，法国核武器设计师们正在从事关于弹头安全（包括加入钝感高能炸药和研究新的液体高能炸药）、可靠性（防止未经批准使用）、可变威力、进一步改进比威力和加固特性的研究工作。在可预见的未来，法国似乎没有进一步削减其核力量的计划。奥朗德政府再次肯定了现有的核态势，拒绝进一步削减核力量。

13.2　陆基核力量的终结

法国曾开发和部署了 S 系列地地弹道导弹，总共有 4 种型号：S-1、S-2、S-3、S-4。S-1 导弹原计划 1972 年投入使用，但由于性能不能满足需要而没有部署。1959 年提出 S-2 方案，1964 年开始研制，1971 年开始小批量生产并装备部队，1980—1982 年退役。S-2 导弹是法国第一代陆基战略导弹，主要解决了战略导弹的有无问题，在性能上有不少缺点，如弹头威力较小、生存能力和突防能力差、射程较

☆本章 13.2 节由李文胜、张亚迪撰稿，郭纲审阅。

近、有效寿命短等。1980—1982 年逐步被性能较好的 S-3 导弹取代。1973 年 11 月开始研制 S-3 导弹，1980 年第一批 9 枚 S-3 导弹开始服役，1984 年又部署 9 枚经过抗电磁脉冲加固的 S-3D 导弹。S-4 是法国研制的二级固体陆基机动中程弹道导弹，其性能水平与 M-4 潜地导弹相当，1970—1977 年进行预研，1980 年开始研制。原计划 1996 年以后取代 S-3 导弹和“幻影”轰炸机运载的核巡航导弹。由于受美苏《中导条约》的影响，法国于 1991 年宣布取消 S-4 研制计划。

冷战结束后，法国面临的核威胁降低。从地理上看，法国国土幅员较小，城镇密集，但濒临大西洋和地中海，拥有优越的海洋环境，陆基导弹核武器在法国本土上机动回旋余地小，其隐蔽性、抗攻击性和生存能力均弱于海基和空基核武器，而潜射导弹核武器和空基导弹核武器具有隐蔽性和机动性好、灵活性高的优点，发展海基和空基导弹核力量更能发挥法国的优势，适应法国的国家战略需要。1996 年 2 月，希拉克总统宣布对武装力量和核力量进行压缩，实行海基和空基“二位一体”的核力量结构，同时宣布拆除陆基导弹。

13.3　海基核力量发展

目前，法国海基战略核弹头占其全部核弹头的 80%以上，是其核威慑的主要力量。

13.3.1　海基核力量演变

20 世纪 70 年代初，随着弹道导弹核潜艇的服役，法国海军“核威慑和常规打击战略”成型，使海军上升为一个战略军种。法国先后发展了三代海基战略核潜艇，即“可畏”级、“不屈”级和“凯旋”

☆本章 13.3 节由王海珍、李玉荣撰稿，吕襄波审阅。

级，发展情况见图 13-2。潜射弹道导弹经历了 6 次变型，即 M1、M2、M20、M4、M45、M51 型。发展情况见图 13-3。

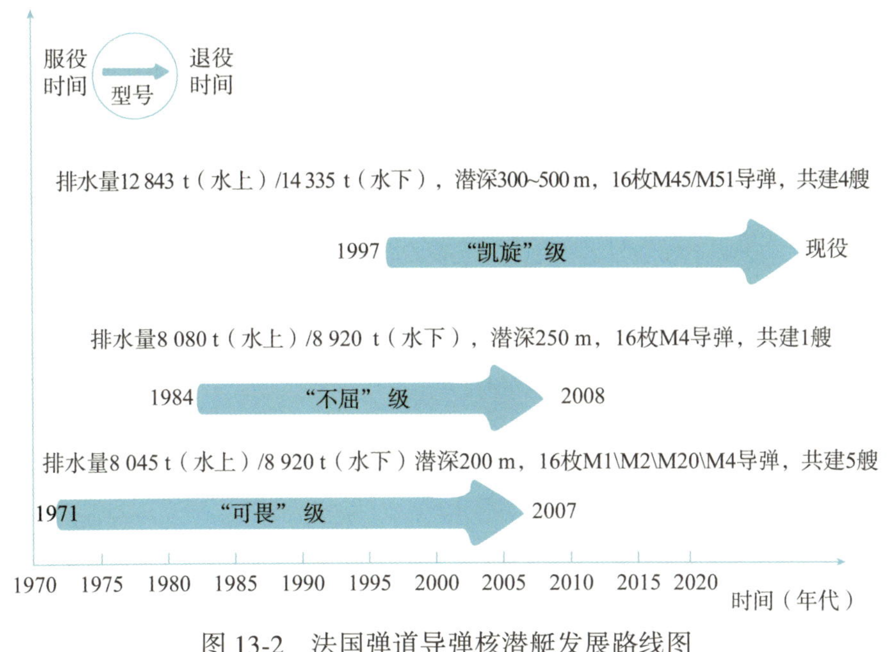

图 13-2 法国弹道导弹核潜艇发展路线图

二战后，法国先后发动了印度支那战争和阿尔及利亚战争，造成财政困难，直到 1952 年，法国政府才批准海军建造新舰艇计划。当时法国作为西方阵营成员，寄希望于美国技术援助本国海基核威慑力量，计划按照先建造攻击型核潜艇再建造弹道导弹核潜艇的主流发展思路建设海基核力量。法国 1957 年开始建造第一代攻击型核潜艇，代号 Q244，由美国提供潜艇核反应堆。随后由于美法两国政治分歧，美国停止向法国提供浓缩铀，拒绝与法国分享核潜艇设计资料，Q244 攻击型核潜艇项目于 1959 年中止。在戴高乐政府强硬的核威慑政策下，法国决定独立发展核力量，开辟新的海基核力量发展模式，先研制弹道导弹核潜艇，优先形成水下核威慑能力，然后在此基础上研制攻击型核潜艇。为加快海基核力量研制进度，法国同步开展潜射弹道

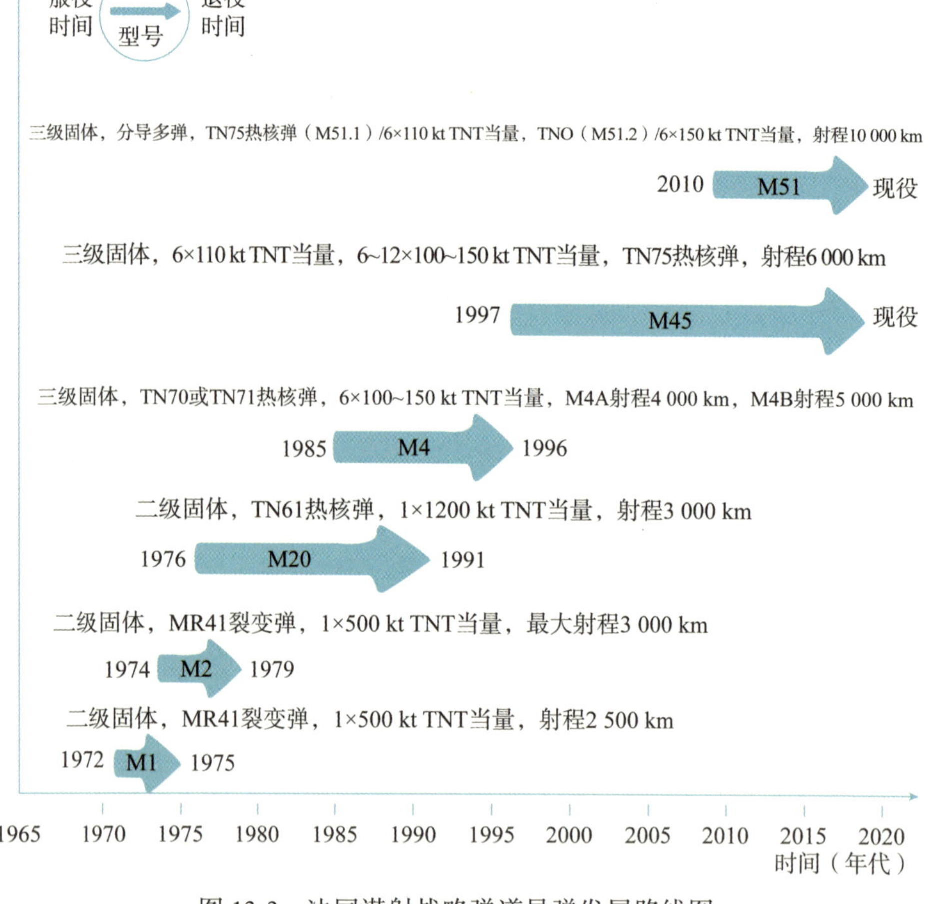

图 13-3　法国潜射战略弹道导弹发展路线图

导弹与弹道导弹核潜艇总体设计与研究。为配合潜射弹道导弹的研制与试验，1962 年 3 月，法国海军将停工的 Q244 攻击型核潜艇改建为常规动力的“鳗鱼”号导弹试验潜艇，作为潜射弹道导弹的专门水下试验平台。法国根据美国海军“拉斐特”级弹道导弹核潜艇设计研发了第一代“可畏”级弹道导弹核潜艇。法国共建造了 5 艘“可畏”级弹道导弹核潜艇，首艇“可畏”号（S610）于 1971 年 12 月服役，“可怖”号（S611）、“霹雳”号（S612）、“无敌”号（S613）、“雷鸣”号（S614）均在 20 世纪 70—80 年代期间服役。法国同时也在加速潜射弹道导弹的研制，在“可畏”级潜艇建造与服役期间就不断更新换装了 M1、M2 和 M20 三型弹道导弹。1972 年 M1 导弹装备“可畏”级潜艇标志着法国形成了完整的“三位一体”核力量结构。为了拥有打击苏联大城市的核打击能力，法国启动了射程更远的 M2 潜射弹道导弹计划，于 1974 年装备“可畏”级第 3 艘“霹雳”号核潜艇，后淘汰 M1 型弹道导弹换装“可畏”号和“可怖”号弹道导弹核潜艇。为了研制出爆炸威力更大的热核武器，法国研发了 M20 型潜射弹道导弹，其惯性制导系统作了较大改进，提高了命中精度，采用 TN61 热核单弹头，1977 年首先装备“可畏”级艇的最后两艘“无敌”号和“雷鸣”号，1980—1984 年，前 3 艘“可畏”级核潜艇利用大修也全部换装 M20 潜射弹道导弹。至此，法国第一代弹道导弹核潜艇，并随艇发展了三型潜射弹道导弹，每艇配 16 枚，均为单弹头，形成了规模化的海基战略核威慑力量，拥有独立的水下战略核威慑能力。

热核武器技术及分导式多弹头技术突破，推动法国建造第二代弹道导弹核潜艇。20 世纪 70 年代，法国在热核技术上的投入推动着潜射弹道导弹技术突飞猛进，于 70 年代中期开始研制带有分导式热核弹头的 M4 潜射弹道导弹；20 世纪 80 年代中期先后研制成功 M4A 和 M4B 两种型号，实现了三级固体推进，射程增加到 4 000 km（M4A）和 5 000 km（M4B），每枚导弹可携带 6 个 TN70 或 TN71 热核弹头，引入轻型、小型、较小雷达截面积的新式弹头，每个核弹头 100 kt TNT 当量，可攻击多目标，弹头突防能力明显增加，命中精度达到 500 m，攻击能力更强。法国共生产了 1 套 M4A 型和 3 套 M4B 型潜射弹道导弹（每套 16 枚导弹）。以 M4 型分导式潜射弹道导弹为标志，法国拥有了多弹头战略潜射弹道导弹。为了与正在研发的 M4 潜射弹道导弹配套使用，20 世纪 70 年代末法国开启了新一级弹道导弹核潜艇的研制计划，定位为“可畏”级艇的改进版。首艇“不屈”号 1985 年 4 月 1 日服役。与“可畏”级艇相比，“不屈”号外形与总体性能相差无几，但内部结构和艇上设备作了较大改进，改装 16 部可发射 M4 型潜射弹道导弹的发射筒，改变了导弹发射方式，提高了发射推力。该艇服役后使法国一度拥有了 6 艘弹道导弹核潜艇，可以随时保持两艘弹道导弹核潜艇海上巡逻，满足了法国海军远洋全天候警戒和战略核威慑的基本要求。法国仅建造了 1 艘“不屈”号弹道导弹核潜艇。“可畏”级与“不屈”级直至 2008 年才全部退役。

核潜艇老化，牵引法国第三代“凯旋”级弹道导弹核潜艇发展。法国按照核潜艇服役时间最长 25 年计算，第一代“可畏”级弹道导弹核潜艇于 20 世纪 90 年代后期逐渐退役。为保证弹道导弹核潜艇的后续力量，按照退役一艘服役一艘的计划，法国于 20 世纪 80 年代初开始发展新一代“凯旋”级弹道导弹核潜艇，原计划建造 6 艘，以保持足够的海上战略核威慑能力，对抗来自苏联的核导弹威慑。但随着冷战结束，法国把“凯旋”级核潜艇建造计划削减为 4 艘，保持 1 艘战略核潜艇海上巡逻。首艇“凯旋”号于 1997 年 3 月服役，到 2010 年 9 月 27 日 4 艘全部服役。“凯旋”级核潜艇与前两级弹道导弹核潜艇相比，排水量增大，实现了大航深，采用了减震降噪技术，隐蔽性更好。在海基核打击能力方面，法国海军始终保持着潜射弹道导弹技术的快速发展节奏，重点提高潜射弹道导弹的突防能力。冷战结束前，在 M4 弹道导弹的基础上研制出 M45 弹道导弹，射程从 4 000 km 提高到 6 000 km，而且突防能力更强。法国在 M45 潜射弹道导弹的研制过程中，认为 M45 潜射弹道导弹的射程和命中精度仍然不能保证有效摧毁敌方高防护目标和重要目标。为此，法国需要部署更远射程、更强突防能力的新型导弹。于是法国于 1992 年开始设计新型 M5 导弹，按计划 M5 导弹射程要达到 6 000~10 000 km，每枚导弹可携带多达 12 枚 TN76 小型分导弹头。但随后世界格局发生变化，加之预算不足，1996 年法国修改 M5 导弹计划，改为研制 6 枚分导弹头的 M51 导弹，并分三个阶段研制和生产：第一阶段为 M51. 1 导弹，装备 6 个分导式 TN75 核弹头，每个弹头 110 kt TNT 当量，射程 8 000 km。第二阶段为 M51.2 导弹，装备 TNO 多弹头，每个弹头 150 kt TNT 当量。第三阶段为 M51.3 导弹，装备新型机动性更强的分导式再入系统。

13.3.2　海基核力量现状

法国现有 4 艘“凯旋”级核动力弹道导弹潜艇，都装备了载有核弹头的潜射弹道导弹。这支潜艇队伍被称“战略海上力量”，基地建在布雷斯特附近的长岛半岛。4 艘弹道导弹潜艇中至少有两艘始终在运行中，其中 1 艘在海上进行“威慑巡逻”，1 艘整装待发，1 艘完成任务后返港，1 艘维修状态。据报道，一次巡逻持续大约 10 周[1]。用于非部署潜艇上的弹道导弹，或存放在长岛基地的潜艇上，或存放在基地独有的发射井中。这些弹头在未装载到导弹上的核弹头存放在圣胡安附近的武器仓库中，该仓库在长岛以南约 4 km 处。M51 导弹采用了两项尖端技术，一是采用了弹体旋转飞行技术，使激光反导武器无法在弹体某一个固定部位积聚足够的破坏能量；二是采用了具有隐身能力的分导式多弹头。两项技术可大大增强突防能力。

图 13-4　法国“凯旋”号弹道导弹核潜艇

2010年下半年，M51.1首次装备在“可惧”号。M51.1导弹携带与M45导弹相同的弹头（TN75），但是据报道，M51.1导弹“射程更远，载荷更大，精度更高”[2]。为了使对抗措施和射程最大化，M51导弹携带的弹头数量很可能与其原先的型号相同，或少于原先的型号[3]。其余3艘弹道导弹潜艇在其正常维护和换料期间进行了改装，以部署M51导弹。最后一艘潜艇“勇猛”号的改装计划于2018年完成。法国弹道导弹潜艇部队正处于从M51.1导弹升级到M51.2导弹的过程中。从2017年起，改良后的M51.2导弹部署在“凯旋”号上，携带名为TNO（Tête Nucléaire Océanique）的新式弹头。第三型M51导弹（代号为M51.3）的生产开始于2014年，计划在2020年前后开始部署，可能部署在“可惧”号上。

表13-1　法国核潜艇导弹配置情况

弹道导弹潜艇	2016年	2018年	2020年
“凯旋”号（Le Triomphant）	M51.1/TN75	M51.2/TNO	M51.2/TNO
“勇猛”号（Le Temeraire）	M45/TN75	M51.2/TNO	M51.2/TNO
“警戒”号（Le Vigilant）	M51.1/TN75	M51.1/TN75	M51.2/TNO
“可惧”号（Le Terrible）	M51.1/TN75	M51.1/TN75	M51.3/TNO

法国奥朗德政府重申核威慑的重要性，公开声明2020年前保持适当核力量的核威慑政策不会改变，而且未来法国将不再发展和增加新的核武器数量和品种，可以预见未来法国海基战略核力量将呈现出两种明显趋势。一是海基战略核力量的主体地位不会动摇。目前海基战略核弹头占法国核弹头总量的80%以上。未来海基战略核力量的生存力、隐蔽性、突防性仍全面优于空基战略核力量，法国在海基战略核武器上的投入也将一直大于空基核力量。二是潜射弹道导弹将实现更多弹头设计，符合世界潜射弹道导弹技术发展潮流。目前最新型

M51.2 导弹虽仍为 6 个核弹头，但是法国公开资料显示，未来 M51.3 导弹或将达到 M5 导弹的最终目标，即每枚潜射弹道导弹的核弹头数量将达到 12 枚，这样法国将具备发射一枚核弹可以突防打击更多地面目标的能力。

13.3.3　海基核力量基地

法国原有 4 个主要军港：大西洋沿岸的瑟堡、布雷斯特、洛里昂以及地中海沿岸的土伦。由于法国海军规模不断缩小，海军兵力逐渐向瑟堡、布雷斯特两大基地收缩。这两大基地是法国大战区指挥部所在地，也是法国海军潜艇部队司令部和水面舰艇司令部所在地。法国海军战略潜艇部队均部署在布列塔尼半岛西端的布雷斯特港。

布雷斯特港位居半岛尖端滨海，是早年法国与美洲之间最主要的吞吐港，并设有法国先进的造船基地。1972 年，法国在布雷斯特港锚地的长岛设立了核潜艇基地，并设立法国海军技术学校。该港口分为商港和军港两部分，其西侧为军港，南防波堤根部附近有供潜艇用的港池和掩蔽所，部分设施建在峭壁洞穴中，常驻各型舰艇约 50 艘。军港南方水域为潜艇训练区。“凯旋”级战略导弹核潜艇部署在该基地附近的长岛。布雷斯特基地在法国的最西端，靠近英吉利海峡南端，面向宽阔的大西洋，便于核潜艇迅速出动和展开攻击，而且为了隐蔽和潜艇进出港的安全，法国核潜艇基地就建在与布雷斯特港隔海相望的长岛上，海上距离仅 18 km，但陆上需要 120 km。长岛本身三面环水，外围是高山峻岭，地势隐蔽，不但易守难攻，而且将核潜艇基地与外界隔绝，很适合核潜艇的驻泊。

13.4　空基核力量发展

空基核力量承担着核威慑使命，是海基核力量的重要补充。随着新型战斗机和新型空地导弹的相继装备，法国空基核力量的威慑能力将得到进一步提高。

自从 1998 年，英国皇家空军的 WE 177 核炸弹退役后，法国便成为北约欧洲盟国唯一能用自己的核力量从空中发起核打击的国家。

13.4.1　空基核力量演变

AN11 核炸弹是法国第一代空基核武器，是以钚-239 为核装料的裂变弹，内爆法组装结构，爆炸威力为 60 kt TNT 当量，弹重为 1 500 kg，投放方法为落体自由抛下，1967 年开始逐步由 AN22 核炸弹取代，1968 年正式退出法国核武器序列。AN22 核炸弹是法国第二代空基核武器，是 AN11 核炸弹的改进型号，是内爆法纯裂变钚弹，爆炸威力介于 60~70 kt TNT 当量。AN22 核炸弹开始装备于法国空军核战略部队，1986 年开始被“中程空对地导弹”（ASMP）所取代，至 1988 年 7 月 1 日全部退出现役。20 世纪 70 年代初期，法国本土的地空防御任务都由空军来承担，当时的法国空军改善了战术和战略防御武器，分别配备有搭载 AN22 核炸弹的“幻影”Ⅳ战略轰炸机和搭载 AN52 核炸弹的“幻影”Ⅱ战斗机、“美洲虎”战斗机和“超级军旗”战斗机。AN52 核炸弹有两种爆炸威力：一档是爆炸威力为 6~8 kt TNT 当量，其数量占 AN52 核炸弹总量的三分之二。另一档是爆炸威力为 25 kt TNT 当量，其数量占 AN52 核炸弹总量的三分之一。法国前后总共部署了约 78~100 枚 AN52 核炸弹。1992 年，AN52 核炸弹

☆本章 13.4 节由夏治强撰稿，马春燕审阅。

被 ASMP 导弹取代后全部退出法国核武库。

由于 AN22 和 AN52 核炸弹的投放都要求所搭载的战斗机必须临空飞行去执行轰炸任务，这样，运载战斗机及飞行员就都面临着非常危险的境地且极易受到敌方的攻击。为了改善这种状况，法国国防部提出研制可以远距离实施安全轰炸任务的 ASMP 导弹，并于 1974 年开始进入研制阶段，但后来因技术原因该计划被取消。1977 年法国航空航天公司应法国导弹技术局的要求提出了一个采用一体化加速装置的超音速冲压喷气发动机的导弹设计方案。1978 年，法国航空航天公司的设计方案获得军方通过，并要求围绕“幻影”2000N 战斗机设计 ASMP 导弹。随后几年内，法国军方要求 ASMP 导弹具备战略打击能力，于是 ASMP 导弹的运载平台又改为“幻影”Ⅳ战略轰炸机。1980 年，法国国防部要求海军在“超级军旗”攻击机上也配备具备战术作战能力的 ASMP 导弹。1986 年 5 月 1 日，首批装备 ASMP 导弹的“幻影”Ⅳ战略轰炸机飞行中队正式服役。1988 年 7 月 1 日，装备有 ASMP 导弹的“幻影”2000N 飞行中队也开始服役。ASMP 导弹挂载 TN80/81 核弹头，它是一种小型加固的热核弹头，爆炸威力为 30 kt TNT 当量，重量大约为 200 kg。ASMP 导弹最先开始装备于“幻影”Ⅳ和“超级军旗”时，每架飞机的武器挂架上只能挂载一枚，主要用于打击严密设防的地面战略和战术目标，也可以用于攻击海上航空母舰作战编队等大型快速移动的目标。

1997 年 12 月，“中程空对地导弹增程型”（ASMP-A）的研制项目正式启动，逐步取代 ASMP，成为法国空基核武器的唯一服役武器。与 ASMP 导弹相比，ASMP-A 导弹具有更远的射程和更强大的突防能力。2009 年秋季，ASMP-A 导弹率先装备驻扎在土伦海军基地附近伊斯特尔空军基地的第 4 战斗机飞行大队的第 3 中队，安装在海军“阵风”F3 战斗机上，由海上实施核打击。法国空军目前主要使用“幻影”2000N 和“阵风”F3 战斗机来实施空中核打击，而海军主要使用“戴高乐”号航空母舰上所搭载的“超级军旗”攻击机来实施。2010 年以后“幻影”2000N 和“超级军旗”逐步被“阵风”F3 和“阵风”MK3 战斗机取代。

图 13-5 法国“戴高乐”航母及其舰载机

ASMP-A 导弹采用全新设计、中等爆炸威力的 TNA 热核弹头，这种核战斗部是专为空基核武器研制并设计的，比 TN81 热核弹头更适合空中作战。

13. 4. 2 空基核力量现状

目前，法国空中打击核力量由分别隶属于战略空军和海军的岸基、海基飞机构成。法国空基核力量由 54 架挂载 ASMP-A 的战斗轰炸机构成，其中，约 20 架陆基“幻影”2000N，约 20 架陆基“阵风”F3，10 架海基“阵风”MK3[1]。

1. 陆基飞机

法国的陆基飞机属于战略空军部队，分两个中队，操作两种具有核打击能力的战斗轰炸机：法国南部伊斯特尔空军基地的 2/4“拉法耶特”中队的“幻影”2000N，以及距巴黎以东约190 km的圣迪济耶空军基地“加斯科尼”1/91中队的“阵风”F3。法国大约有40架飞机（每种类型20架）可配备总共40枚ASMP-A核巡航导弹。

1988年首次投入使用的“幻影”2000N配有两名飞行员，无空中加油的作战航程大约1 480 km。标准核打击配置为：ASMP-A导弹配置在中心线吊架，两个1 700 L燃料箱配置在机翼下方。2018年，“阵风”开始更换伊斯特尔基地的其余“幻影”2000N战机。

携带核武器的双座“阵风”F3，2009年在圣迪济耶空军基地首次服役，无空中加油作战航程为1 850 km。与“幻影”2000N一样，“阵风”F3的标准核打击配置如下：ASMP-A配置在中心线吊架处，两个燃料箱配置在机翼下方。初期计划部署在294架飞机上（空军234架，海军60架），后来“阵风”项目大幅缩减为空军132架，海军48架。

2009年10月1日ASMP-A首次投入使用，部署在法国南部伊斯特尔空军基地3/4“利穆赞”战斗机中队的“幻影”2000N战机上（自那以后重命名为2/4“拉法耶特”中队）。2010年7月1日，在圣迪济耶举行的一个典礼上宣布ASMP-A已在1/91“加斯科尼”战斗机中队的“阵风”F3上服役。ASMP-A导弹弹头可能储存在这两个基地以及巴黎南部200 km的阿沃尔空军基地。

在时任总统萨科齐2008年宣布空基核力量将削减三分之一后，法国战略空军部队进行了重大的改组。现在剩余两个中队，2/4“拉法耶特”中队部署在马赛附近的伊斯特尔空军基地，1/91“加斯科尼”中队部署在巴黎东部的圣迪济耶空军基地。尽管ASMP-A导弹于2009年投入使用，但是法国已经开始设计研制新一代空中发射的核巡航导弹。新导弹射程增加，且具有隐身特征。

阿沃尔空军基地（BA 702）继续为战斗机中队提供核支持。基地有一个由核武器主管部队管理的核武器储存区域，近期转为对

ASMP-A 导弹进行管理。

由于“幻影”2000N 和“阵风”飞机的航程相对较短，法国的空基核武器依赖于空中加油机。当前的空中加油机队是美国提供的 KC-135 飞机，驻扎在伊斯特尔空军基地。按照当前的计划，KC-135 飞机将被多用途的空客 A330 加油运输机取代，后者被称为 A330 MRTT“凤凰”。法国总共订购了 12 架 A330 飞机，第一批于 2008 年交付。

2. 海上飞机

“戴高乐”号航空母舰配备了 ASMP-A 导弹，由 12F 中队下属的“阵风”MK3 战斗轰炸机运载。2014 年，第一批 10 架“阵风”MK 交付，最后一批战机于 2017 年交付。“戴高乐”号航母在正常情况下不会携带核武器。

位于伊斯特尔空军基地的海军航空实体实验和集成中心（CEPA/10S）管理“戴高乐”号航空母舰上的“阵风”MK3 战机上携带的 ASMP-A 导弹。据法国海军称，航空母舰上的核打击能力不如核潜艇强大，但“更惹人注目”，“在定位和展示航空母舰实力方面有更大灵活性”。奥朗德政府拒绝了 2013 年提出的让航母舰载核装备退役的建议，决定保留这支部队。

13.4.3 空基核力量基地

法国空基核力量曾部署在 4 个基地，即伊斯特尔基地、圣迪济耶基地、阿沃尔基地和吕克瑟伊基地。2008 年，萨科齐总统宣布空基核力量削减三分之一后，吕克瑟伊基地不再执行核任务，阿沃尔基地也只用作储存核武器，不再部署战斗轰炸机。

1. 伊斯特尔基地

伊斯特尔基地是法国南部沿海的一个重要空军基地。地理坐标为北纬 43.5°，东经 4.98°。该基地曾驻扎 3/4“利穆赞”中队，配备“幻影”2000N 飞机。2009 年 10 月 1 日，ASMP-A 导弹装载“幻影”

2000N 飞机，该中队重新命名为 2/4“拉法耶特”中队。由于“幻影”2000N 飞机飞行距离较短，依赖于空中加油机。为此，从美国购买的 KC-135 空中加油机就驻扎在该基地，隶属于 0/93“布列塔尼”中队。该基地设有特种军火仓库。法国“阵风”MK3 携带的 ASMP-A 导弹也在该基地贮存。

2. 圣迪济耶基地

圣迪济耶空军基地距巴黎以东约 190 km，地理坐标为北纬 48.63°，东经 4.97°。以往该基地只作为特种军火仓库使用。2009 年 10 月 1 日，1/91“加斯科尼”中队的“阵风”F3 轰炸机在该基地开始服役，次年开始挂载 ASMP-A 导弹。该基地设有核弹储存仓库。

3. 阿沃尔基地

阿沃尔基地位于法国中部，距离巴黎 200 km，地理坐标为北纬 47.03°，东经 2.63°。该基地主要作为特种军火仓使用，已不驻扎飞机。基地设有一个核武器储存区域，由核武器主管部队负责管理。

4. 吕克瑟伊基地

吕克瑟伊基地位于巴黎东南 300 余千米，地理坐标为北纬 47.82°，东经 6.40°。曾经驻扎过 1/4“多芬”中队、2/4“拉法耶特”中队，存放过“幻影”2000N 飞机/ASMP 导弹。该基地现已不再部署核部队，留其用作疏散基地。

13.5　核力量建设思路与特点

法国作为世界主要核国家，走出了一条异于美国、俄罗斯、英国的发展之路。概括起来，法国核力量发展有如下特点：一是自主研发，独立建造，确保独立的核威慑能力。法国曾计划像英国那样，依附美国技术援助，但美国与法国的政治分歧以及戴高乐政府强硬的核威慑政策，促使法国成功地走出一条独立发展核力量的道路。法国先后发展的三代弹道导弹核潜艇和六型潜射弹道导弹，全部由本国技术研制建造，从而确保了核技术的独立性与可持续发展，摆脱美国的附庸，使法国拥有了独立的海基核威慑能力。法国冲压技术世界领先，为充分发挥本国冲压技术领域的优势，坚持发展以冲压发动机推进的核巡航导弹，并采用多用途、系列化、模块化发展的技术路线，大大提高了导弹的突防能力与舰载机的安全。二是冷战结束后，根据威慑对象的变化，构建适应新安全环境需要的核威慑力量结构。法国裁撤陆基核武器，使法国核力量结构从“三位一体”改为“二位一体”，形成了目前“以海基为主，空基为辅”的核力量结构，充分体现法国核力量发展的灵活性、适应性。自冷战结束至今，法国始终坚持以“长期有效和完全足够”的原则发展核力量。

参考文献

[1] [美]雷·艾奇逊（Ray Acheson）. 确保永远销毁(2015 年版)[M]. 岳江锋，译. 中国国防科技信心研究中心,2016:32.

[2] 2015 年 2 月 25 日总统弗朗索瓦·奥朗德访问战略空军基地时的演讲[OL]. http://basedoc. diplomatie. gouv. fr/vues/Kiosque/FranceDiplomatie/kiosque. php? fichier=baen2015-02-25. html.

[3] 空军参谋总长陆军航空兵将军胡安-鲍尔·帕洛莫罗斯讲演[OL]. http://www. defense. gouv. fr/content/download/76218/679550/file/01-07-10-Allocution surle couple Rafale-ASMPA. pdf.

第十四章　核军备控制

核军备控制是指国际上对核武器的研制、试验、部署、使用，核材料和核技术的转让、扩散等加以限制或禁止的活动，其目的是减少核战争危险，维护国际安全与稳定，最终目标是全面禁止和彻底销毁核武器。核军备控制的内容主要包括限制和禁止使用核武器、限制和裁减核武器、限制和禁止核试验、防止核武器及其技术扩散、禁止生产和控制核武器用易裂变材料。近年来，国际核恐怖主义问题出现，核安保问题开始引起人们的广泛关注，也成为核军控研究的重点内容之一[1]。法国核军控领域制定的一系列行动准则，是其军事和外交政策的重要组成部分。

14.1　核军备控制基本政策[2]

冷战期间，法国不愿意参与任何核军控条约及其谈判。20 世纪 60 年代正是法国发展核武器的初期阶段，担心由美、苏支配达成的国际裁军协议有可能损害法国核威慑力量的发展，因而在这一时期对国际裁军谈判采取一种“抵制”、不参加政策。1962 年 3 月 15 日，十八国裁军委员会开始工作，成员国包括法国，但法国拒不参加。法国还拒绝加入 1963 年 8 月达成的《部分禁止核试验条约》和 1968 年签订的《不扩散核武器条约》。20 世纪 70 年代末，法国政府意识到，继续置身于国际军控谈判之外将使法国处于孤立和不利的地位，遂重新加

☆本章由马春燕、伍钧撰稿，胡思得审阅。

入日内瓦裁军谈判委员会。随着形势的发展，法国开始逐步对其在核裁军以外的其他裁军领域的政策加以调整。1983 年 9 月 28 日，法国总统密特朗在联合国大会的演说中提出法国参加核军控的条件是：(1) 改变两个超级大国与其他核国家在核武库规模方面的根本性差异；(2) 结束欧洲常规军事力量之间的不均衡；(3) 停止反导弹、反潜艇和反卫星武器领域的竞赛。冷战期间，法国军备控制与裁军政策最突出的特点是：确保法国在国际上的独立地位；确保法国建立一支独立的核力量和一支独立于北约的常规军事力量；在使法国的安全不脱离北约强大的军事力量和美国对北约所承担的特殊责任的同时，对超级大国所操纵的军备控制过程的实用性不断提出质疑和批评，力图打破两个超级大国主宰国际军控谈判的局面，并根据国际形势的变化，逐渐调整在军备控制问题上的立场。

冷战结束后，鉴于法国的安全环境发生重大变化和对核武器扩散担心的增加，法国核军控政策调整为“赞成裁军，但有所选择”。法国认为由于其核武器数量有限，任何限制战略核武器的协定都不应将法国考虑在内，表示法国的核军控取决于其他国家核裁军进程，即使裁减并最终销毁核武器也“不能让别人牵着走”。关于不首先使用核武器问题，法国不愿意作出不首先使用核武器的承诺，认为这与法国的威慑战略相矛盾。法国认为允许使用核武器来防止战争，这只是一种可靠的威慑原则，特别是因为法国的核战略规定为非侵略性的（在入侵行动中不会首先使用核武器，而只是在对侵略作出反应时才使用核武器）。

14.2　限制和削减核武器

根据《不扩散核武器条约》（NPT），法国与其他四个核国家承诺：及早就停止核军备竞赛和核裁军方面的有效措施，以及一项在严格和有效国际监督下的全面彻底裁军条约，真诚地进行谈判。

法国接受1995年无限期延长《不扩散核武器条约》时所通过的有关核裁军的行动方案。法国认为，核威慑力量是其安全的根本保障，严格限于自足；自1985年以来，法国已削减了三分之二的运载系统。从1992年开始，撤除了所有现役的“冥王星”地地近程战术导弹并将其销毁。1996年后，将其部署在阿尔比昂高原基地上的“哈德斯”地地近程战术导弹和地地战略导弹彻底退役并销毁。法国还压缩核力量的规模，降低核武器的戒备水平。2008年3月21日，法国宣布核弹头总数保持在300枚以下。鉴于自身的核力量规模和维护国家利益的需要，法国在核裁军问题上虽然单方面采取了一些行动，但并未采取和美俄一致的立场。法国不赞成在国际上召开由各国参加的核裁军谈判，也未参加美、俄之间的有关谈判。

2017年联合国大会通过《禁止核武器条约》。法国表态不支持该条约，也没参加《禁止核武器条约》的相关活动。

14.3　防止核武器及其技术扩散

防止核武器及其技术扩散主要是防止核武器向其他国家和地区扩散，防止新的核国家产生。《不扩散核武器条约》把世界分为核武器国家和无核武器国家，但无核国家的不扩散义务和核武器国家的核裁军义务存在不平衡，这是引起核武器国家和无核武器国家争论的焦点。《不扩散核武器条约》的三大支柱是不扩散、和平利用核能和核裁军，因此，该条约也是推动核裁军的依据。

1957年8月，法国同美国、英国和加拿大向联合国裁军委员会提出防止核扩散问题[2]。经过近10年的多方谈判，1968年7月1日《不扩散核武器条约》在莫斯科、伦敦和华盛顿开放签署，1970年3月5日生效，有效期为25年。1995年5月11日，《不扩散核武器条约》审议与延期大会决定条约无限期延长，以后每五年审议一次。2000年、2005年、2010年、2015年先后举行了《不扩散核武器条约》审议大会。目前共有189个国家加入条约，法国于1991年6月3日宣布加入《不扩散核武器条约》，并于1992年正式批准该条约。同时，支持国际原子能机构的核查职能，加强核不扩散体制。1995年4月6日，法国宣布给予《不扩散核武器条约》的非核武器成员国以附加若干条件的消极安全保证。

法国还通过建立无核武器区来加强地区安全的努力，签署和批准了《拉丁美洲禁止核武器条约》《南太平洋无核区条约》和《非洲无核武器区条约》的所有有关议定书。鼓励非洲各国尽快使《非洲无核武器区条约》生效，以充分实施核武器国家提供的保证。

14.4　部分或全面禁止核试验

1963年8月5日，美国、苏联和英国三个拥有核武器的国家签订了《禁止在大气层、外层空间和水下进行核武器试验条约》，即《部分禁止核试验条约》，企图以此维护核大国的垄断地位。法国时任总统戴高乐在7月29日召开的记者招待会上声明，法国在任何情况下都决不签署这个条约，表明法国要打破核垄断并保障其外交和防务的独立，扩大在世界事务中的发言权。

从20世纪90年代开始，法国表示愿和其他核国家一起，推动《全面禁止核试验条约》谈判。1992年4月8日，法国总统密特朗宣布暂停核试验一年，并表示愿和其他核国家一起采取步骤，使《全面禁止核试验条约》谈判取得进展。1995年6月13日，时任总统雅克·希拉克宣布将在南太平洋Mururoa环礁试验场进行8次核试验，到1996年5月末结束。然而，在国际社会的反对呼声下，法国进行

6 次核试验后，于 1996 年 1 月 29 日宣布终止核试验。1998 年 4 月 6 日，法国与英国一起在联合国签署《全面禁止核试验条约》生效文件。法国决定不再进行核试验，拆除了其在太平洋的核试验场，不再拥有能够进行核爆炸试验的任何设施。法国支持促使《全面禁止核试验条约》生效的工作。

14.5　禁止武器用易裂变材料生产

禁产倡议从美国“巴鲁克计划”开始，已经有约 70 年历史。1956 年，美国总统再次建议禁止为核武器生产易裂变材料。1978 年第一届联合国特别大会通过最后文件确认，要在适当的时候就禁止武器用易裂变材料生产协议进行谈判。据此，加拿大等国每年向联合国大会提出禁产的决议草案[3]。

法国赞同在裁军谈判会议立即在不附加前提条件的情况下启动谈判，并尽早达成一项非歧视的、普遍适用的禁产条约。法国呼吁所有国家宣布并维持暂停生产用于核武器或其他核爆炸装置的易裂变材料。

法国是五个核国家中唯一已关闭、拆除其所有易裂变材料生产设施的国家。法国在 1992 年停止大规模生产军用钚。1996 年 2 月 22 日，法国宣布最终停止为武器目的生产易裂变材料，并决定关闭和拆除在皮埃尔拉特和马库尔的核材料生产设施，停止生产用于核武器的钚和高浓铀。1996 年 6 月底停止高浓铀生产。之后，法国不再拥有生产用于核武器或其他核爆炸装置的易裂变材料的设施。

目前，关于谈判禁产条约问题，法国主张尚未宣布暂停用于军事爆炸目的的易裂变材料生产的国家能马上宣布暂停产。支持无条件地启动禁产条约的谈判，支持欧盟关于禁产条约的共同立场，即“谈判一项非歧视性、可普遍适用、无前提条件的禁产条约，同时考虑《香农报告》的有关授权”。

参考文献

[1] 赵丕．国际军事安全[M]．中国军事百科全书（第二版）学科分册 III．北京：中国大百科全书出版社,2008:680.

[2] 田景梅．国际核不扩散机制[M]．北京:原子能出版社,2016:17.

[3] 刘华秋．军备控制与裁军手册[M]．北京:国防工业出版,2000:221.